Weitere Titel findest du auf der letzten Seite >> >>

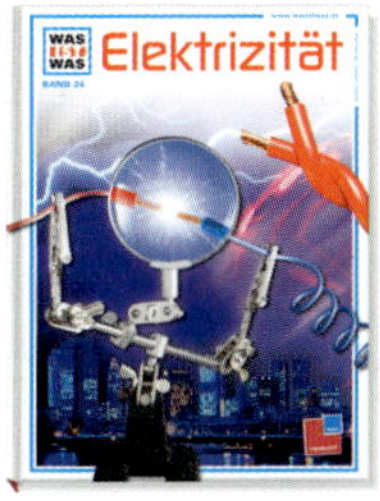

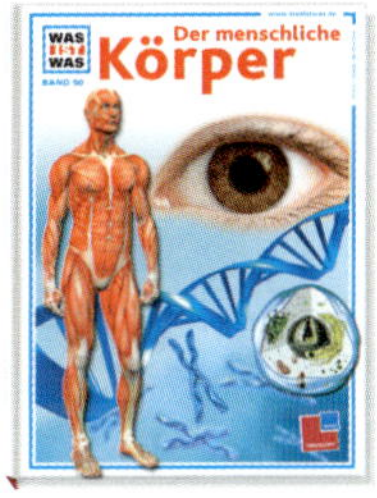

Rätselspaß mit WAS IST WAS

Rätselhefte

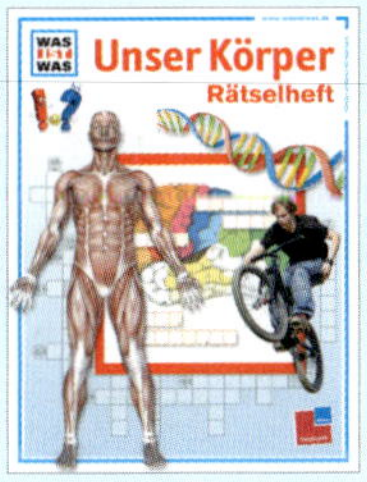

Quizblöcke

Ein WAS IST WAS Buch

Schiffe

Von Arnold Kludas

Illustrationen von Guido Canestari, Manfred Kostka,
Udo Kruse-Schulz und Gerd Werner

Das amerikanische Containerschiff APL THAILAND (64 502 BRZ, 4 832 Container TEU)

TESSLOFF

Vorwort

Seit es Menschen gibt, gibt es auch die Sehnsucht nach der Ferne. Zu allen Zeiten zogen wagemutige Männer aus, um jenseits des Horizonts fremde Länder kennenzulernen. Von Anfang an war dabei das Schiff ein unentbehrliches Hilfsmittel. Lange bevor das Rad erfunden war, gab es schon Wasserfahrzeuge.

Der lange Weg von den primitiven Flößen und Booten der vorgeschichtlichen Zeit zu den hoch technisierten Schiffen der Gegenwart führte durch viele Jahrtausende. Unermesslich sind die Erfindungsgabe und das Können ganzer Generationen von Menschen, die das Schiff immer vollkommener gestalteten. Eins hatten aber auch die ersten Schiffe schon mit den heutigen Riesengebilden aus Stahl und Technik gemeinsam: Schiffe sind schon immer die größten beweglichen Bauwerke der Menschen gewesen.

Dieses WAS IST WAS-Buch schildert die spannende Entwicklungsgeschichte des Schiffes von den Anfängen bis in die Gegenwart, und es geht dabei immer auch auf die kulturgeschichtlichen, technischen und zeitgeschichtlichen Hintergründe ein.

Der schwedische Autotransporter DON CARLOS kann 6 108 PKW aufnehmen.

MIX
Papier aus verantwortungsvollen Quellen
FSC® C084279

WAS IST WAS
BAND 25

Die Schreibweise entspricht den Regeln der neuen Rechtschreibung.

Bildquellennachweis:
Fotos: AKG Foto, Berlin: S. 3, 11 o; Alfred-Wegener-Institut für Polar- und Meeresforschung: S. 32 o (M. Schueller); Blohm + Voss: S. 20 u, 42 u, 43 u; Color Line, Kiel: S. 35 u; Dänisches Fremdenverkehrsamt: S. 26; Peter Deilmann Reederei: S. 14; Christian Eckart: S. 45 or; Foto Flite (Skyfotos): S. 18; Hamburger Hafen und Logistik AG, Hamburg: S. 37; Archiv Hapag-Lloyd AG: S. 22 u, 36; HDW / YPS: S. 1, 35 m, 45 ol, 48; Hoverspeed, England: S. 41 o; Rudie Kleyn: S. 22 o; Arnold Kludas: S. 2, 13, 19, 20 o, 20 m, 22 m, 23, 24, 25, 26 m, 26 u, 27, 28 m, 29, 30, 32 m, 33, 34, 35 o, 38, 39, 40, 41 u, 43 o, 43 m, 44, 45 or; DGzRS / Peter Neumann, Yacht Photo Service (YPS), Hamburg: S. 31 o

Umschlagfotos: Getty Images: J. Lauritz (Hafen), J. Stromme (Küstenwache), R. Magnusson (Möwe), C. Vasconcellos (kl. Boot); Picture alliance: AWI (Polarstern); P. Deilmann Reederei (Segelschiff); **Covergestaltung:** stereobloc, Berlin

Grafik: Johannes Blendinger, Nürnberg
Illustrationen: Johannes Blendinger: S. 47; Guido Canestari: S. 5 o, 6-10, 11 u, 12, 16, 17, 42 o; Manfred Kostka/Johannes Blendinger: S. 30 m, 31 m, 46; Udo Kruse-Schulz: S. 4, 5 u; Gerd Werner: S. 15, 21, 28, 31 u

Bildredaktion: Christine Schmidt-Rudloff; **Lektorat:** Dr. Heike Herrmann

www.wasistwas.de • www.tessloff.com

ISBN 978-3-7886-0265-9

Inhalt

Blick in das Innere einer Trireme
(siehe auch Seite 6)

Die ersten Schiffe

Niemand weiß, wann und wo zum ersten Mal ein Mensch ein Wasserfahrzeug benutzte. Man weiß auch nicht, wie dieses Fahrzeug ausgesehen hat und ob es wirklich ein Einbaum war, wie oft gesagt wird.

Wer befuhr zuerst das Wasser?

Unsere vor- und frühgeschichtlichen Vorfahren sind sicher nicht zu ihrem Vergnügen auf das Wasser gegangen. Der tägliche Kampf um Nahrung wird sie dazu gezwungen haben, sei es um zu fischen, sei es um Handelsgüter zu transportieren. In jenen Teilen der Erde, wo damals schon Bäume wuchsen, sind vielleicht Baumstämme oder aus mehreren Stämmen zusammengebundene Flöße die ersten „Schiffe" gewesen. Die Menschen werden bald gelernt haben, dass man diese Fahrzeuge mit Paddeln bewegen und lenken konnte.

Dann begann die Gestaltung der Schiffsform. Statt sich rittlings auf den Stamm zu setzen, konnte man ihn aushöhlen und an den Enden zuspitzen. Mit diesem sogenannten Einbaum konnte man nicht nur sein Gepäck sicher transportieren, sondern auch viel mehr unternehmen.

Irgendwann kam dann ein kluger Kopf auf den Gedanken, die Kraft des Windes zu nutzen. Er stellte auf seinem Boot oder Floß einen Mast auf und befestigte daran ein Segel, das wahrscheinlich zuerst ein Tierfell gewesen ist.

Boot oder Schiff

Das Wort Schiff bezeichnet als Oberbegriff alle Arten von Wasserfahrzeugen. Ein Boot ist im deutschen Sprachgebrauch ein meist kleines, offenes Wasserfahrzeug, ein Schiff dagegen ein größeres Fahrzeug mit einem geschlossenen Schiffskörper.

Sahen so die ersten Fahrversuche der Menschen auf dem Wasser aus?

Dieses aus Baumstämmen zusammengebundene Floß hat schon einen Mast mit einem Segel aus Tierfell; das Paddel dient zum Steuern.

Wer baute die ersten Schiffe?

In Mitteleuropa kann die Schifffahrt nicht mit Einbäumen begonnen haben. Als hier gegen Ende der letzten Eiszeit, die bis etwa 8000 v. Chr. dauerte, die ersten Nomaden ihr Jägerdasein führten, gab es noch keinen Baumbestand.

Die ausgedehnten Tundren gaben auch sonst kein Schiffbaumaterial her. Andererseits versperrten überall große Ströme von Schmelzwasser die Wege. Und schlimmer noch, die Rentierherden entkamen den Jägern mühelos über diese Gewässer. Die Nomaden werden anfangs mithilfe aufgeblasener Tierfelle versucht haben, den Rentieren über das Wasser zu folgen.

Danach wird man auf die ersten primitiven Fellboote gekommen sein. Diese hat man dann nach und nach versteift und verbessert, bis man die Formen fand, die noch heute bei den Kajaks der Eskimos zu sehen sind. Später gab es dann auch in Europa das nötige Holz, um Einbäume herzustellen. 1955 wurde in Holland bei Pesse ein 8 300 Jahre alter Einbaum ausgegraben.

Die meisten frühgeschichtlichen Bootsformen sind auch heute noch in Gebrauch, zum Beispiel Einbäume in Afrika, geflochtene Korbboote in Indien, Auslegerkanus auf den Südseeinseln oder die schon erwähnten Kajaks der Eskimos.

Das Fellboot (oben) und der Einbaum (unten) stehen am Anfang der Geschichte des Schiffbaus.

Wer waren die ersten Seefahrer?

Der Ursprung unserer Zivilisation liegt im klimabegünstigten Mittelmeer. Dort waren es die Ägypter, die die ersten brauchbaren größeren Schiffe bauten. Schon 3000 v. Chr. haben die Ägypter Korn und Viehherden aus dem Nildelta flussaufwärts gebracht. Ihre Schiffe waren Boote aus zusammengebundenem Schilf, denn auch in Ägypten war Holz knapp.

Etwa um 1500 v. Chr. begannen die Ägypter, ihre Schiffe aus Holz zu bauen, das sie aus Phönizien importierten. Auch ein Segel gab es auf diesen Booten, das aber nur bei achterlichen Winden genutzt werden konnte. Sonst musste man paddeln, staken oder rudern. In den Gräbern ägyptischer Könige wurden Modelle gefunden, die den hohen Stand der ägyptischen Schiffbaukunst beweisen.

Doch um 1200 v. Chr. begann das Reich der Ägypter zu verfallen. Andere traten an seine Stelle. Im

Gegensatz zu den Ägyptern, die über ihre Küsten nicht hinausgekommen waren, mussten die Bewohner Kretas über das offene Mittelmeer fahren, wenn sie in fremde Länder wollten. Die Kreter verwendeten zum ersten Mal Querspanten, um ihren Schiffen Festigkeit zu geben.

Zum wirklich großen Seefahrervolk aber wurden die Phönizier (= Punier; Herrscher an der heutigen syrisch-libanesisch-israelischen Mittelmeerküste). Sie übernahmen die Technik der Kreter und befuhren bald das ganze Mittelmeer. Ab 800 v. Chr. stießen sie sogar über das Meer nach Frankreich und England vor und umsegelten ganz Afrika. Die Phönizier trieben nicht nur Seehandel, sie waren auch wegen ihrer Raubzüge gefürchtet. Dazu benutzten sie lange schlanke, mit einem Rammsporn ausgestattete Schiffe, die gerudert wurden.

Die hölzernen Segelschiffe der Ägypter waren ohne Spanten gebaut und hatten Zweibeinmasten.

Das war deshalb vorteilhaft, weil man ohne Rücksicht auf die Windrichtung schnell verfolgen und angreifen, aber auch flüchten konnte.

Um die Geschwindigkeit zu erhöhen, wurden bald mehrere Reihen von Ruderern übereinander untergebracht. Der Bireme (lateinisch „bi", zwei; „remus", Ruder) mit zwei Reihen von Ruderern folgte die Trireme (lateinisch „tri", drei) mit drei Reihen. Sogar Schiffe mit vier und fünf Reihen von Riemen wurden gebaut. Triremen waren bis zu 40 Meter lang und wurden von bis zu 400 Menschen gerudert. Außerdem waren noch Hunderte von Kriegern an Bord.

Nach dem Verfall des griechischen Reiches begannen Karthager und Römer um die Vorherrschaft im Mittelmeerraum zu kämpfen. Das mächtige Karthago, im 9. Jahrhundert v. Chr. von den Phöniziern gegründet, war eine Seemacht, Rom dagegen eine Landmacht.

Welche Schiffe bauten die Griechen und Römer?

Ab ungefähr 800 v. Chr. wandten sich die Griechen der Schifffahrt zu. Sie gestalteten ihre Schiffe nach phönizischem Vorbild, verbesserten jedoch dabei die Schiffbautechnik. Die Griechen entwickelten vor allem den Bau von Kriegsschiffen, die nur eine Hilfstakelage trugen und hauptsächlich von Ruderern angetrieben wurden.

Was ist ein Floß?

Ein Floß besteht aus einer mehr oder weniger großen Anzahl von Schwimmkörpern wie zum Beispiel Baumstämmen, Binsen oder Fässern, die fest miteinander verbunden werden. Im Gegensatz zu einem Boot oder Schiff ist man auf einem Floß vor nassen Füßen nie ganz sicher. Naturvölker benutzen Flöße als Transportmittel für ihre Unterkunft, Personen und Lasten. Flöße aus Baumstämmen dienen heute nur noch dem Holztransport.

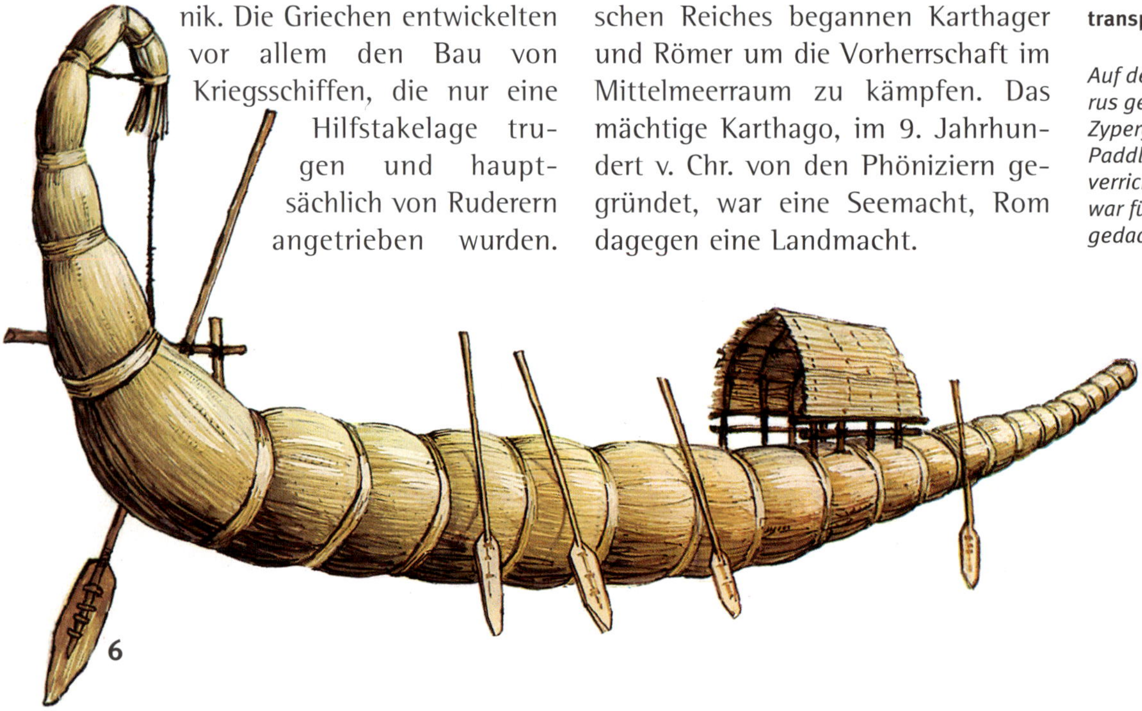

Auf den Papyrusbooten (Papyrus gehört zur Gattung des Zypergrases) mussten die Paddler ihre Arbeit kniend verrichten. Die gedeckte Hütte war für wohlhabende Reisende gedacht.

Türkische Galeere mit zwei Lateinersegeln

Eine römische Trireme mit einem Rammsporn am Bug und der typischen hakenbewehrten Enterbrücke

Römische Waffentechnik

Die starke römische Seemacht, die weit über das Mittelmeer hinausreichte, gründete sich auch auf die beeindruckende Waffentechnik. Nicht nur die sogenannte Enterbrücke, sondern auch Katapulte oder Wurfgeschosse und Feuerwerfer wurden eingesetzt. Dazu kam der „Harpago“, ein Enterhaken mit einem Tau am Ende. Er wurde aus einem Katapult abgeschossen, und war das feindliche Schiff am Haken, wurde es einfach mit einer Winde herangezogen und geentert.

Jedenfalls war das bis zum Ersten Punischen Krieg so, der 264 v. Chr. begonnen hatte. Jetzt fingen die Römer an, in großem Stil griechische und karthagische Schiffe nachzubauen. Sie rüsteten eine große Flotte aus und entwickelten eine neue Idee. Jedes römische Kriegsschiff war mit einer Enterbrücke ausgestattet, die beim Angriff auf das karthargische Schiff hinabgelassen wurde und über die dann die Krieger auf das gegnerische Schiff stürmten. Durch diese neue Taktik konnte Rom in der Seeschlacht von Mylae 260 v. Chr. die Karthager besiegen und damit den Grundstein zur späteren Herrschaft über Mitteleuropa und den Mittelmeerraum legen.

Die Ruderer der schnellen Kriegsschiffe waren meistens Kriegsgefangene und Sklaven. Oft waren diese Menschen an ihren Plätzen angekettet, um sie an Flucht oder Meuterei zu hindern. Diese unmenschlichen Methoden wurden über Jahrhunderte beibehalten.

Aus den Ruderschiffen der Römer entwickelte man die Galeeren, die noch in der Seeschlacht von Lepanto zwischen Spaniern und Türken im 17. Jahrhundert eine Rolle spielten.

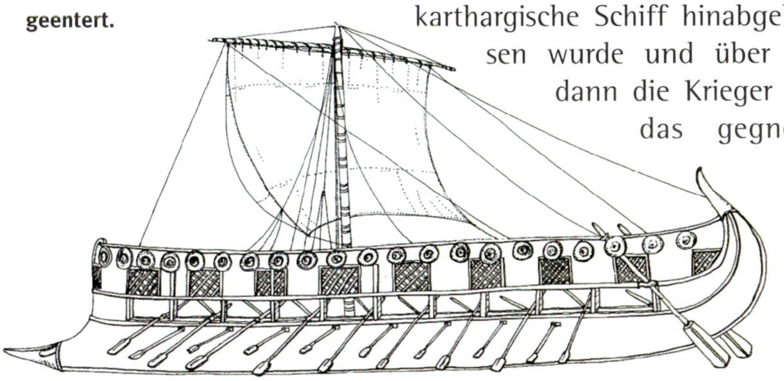

Auf dem oberen Deck der phönizischen Biremen waren die Krieger untergebracht.

Griechische Biremen waren leicht gebaute, schnelle Schiffe mit einem kräftigen Rammsporn.

Welche Schiffe bauten die Wikinger?

Die Nordeuropäer hatten ihren Schiffbau unabhängig von den Mittelmeervölkern entwickelt. Der hohe Seegang der nördlichen Meere konnte nur mit sehr stark gebauten Schiffen bezwungen werden.

Ungefähr ab 800 n. Chr. begannen die Wikinger mit seetüchtigen Schiffen in den Atlantik vorzudringen. Ihre bis zu 26 Meter langen Boote gab es als Handels- und als Kriegsschiffe.

So sieht die Rekonstruktion des in Norwegen ausgegrabenen Gokstadschiffes aus, mit dem man schon gegen den Wind kreuzen konnte.

Für ihre Eroberungsfahrten benutzten die Wikinger ihre schlanken Drachenschiffe.

Diese waren schlank gebaut und sowohl für den Ruder- als auch für den Segelantrieb vorgesehen. An Bug und Heck trugen sie oft kunstvoll geschnitzte, hoch aufragende Tierköpfe.

Die völliger gebauten Handelsschiffe waren weniger reich verziert. Sie wurden meistens gesegelt und nur in Flauten oder beim Manövrieren gerudert. Anfangs waren die Wikinger an den europäischen Küsten als gefährliche Räuber verrufen, doch später entwickelten sie sich zu verlässlichen Handelspartnern.

Die Normannen, wie die Wikinger auch genannt wurden, waren außerordentlich tüchtige Seeleute. Sie drangen über den Atlantik in das Mittelmeer ein, in das sie gleichzeitig auf dem Weg über die russischen Ströme und das Schwarze Meer von Osten her vorstießen. Arabische Münzen, die man später in ihrer nördlichen Heimat fand, zeugen von den weiten Handelsbeziehungen der Wikinger. Heute wird auch nicht mehr bezweifelt, dass sie um die Jahrtausendwende unter Leif Erikson das nordamerikanische Festland erreichten.

KÜSTENSCHIFFFAHRT

Obwohl die Phönizier schon bis nach England vorgestoßen waren und sogar Afrika umrundet hatten, blieb die Seefahrt bis ins Mittelalter Küstenschifffahrt. Man bewegte sich in geschützten Gewässern unter Land. Das war schon aus Gründen der Navigation erforderlich, denn man kannte ja weder Chronometer noch Kompass. Die ersten Seefahrer, die größere Entfernungen über die hohe See zurücklegten, waren die Wikinger.

Die Seefahrt unter Segeln

Was bedeutet Hanse?

Das mittelhochdeutsche Wort Hanse steht für Kaufmannsgilde und ist aus dem althochdeutschen Hansa für Bund, Gefolge, Schar hervorgegangen. Die als Hanse bezeichnete Verbindung deutscher Kaufleute diente zur Vertretung von Handelsinteressen im Ausland, aber auch zum gegenseitigen Schutz und Beistand. Der Hanse gehörten zur Blütezeit über 90 Städte an.

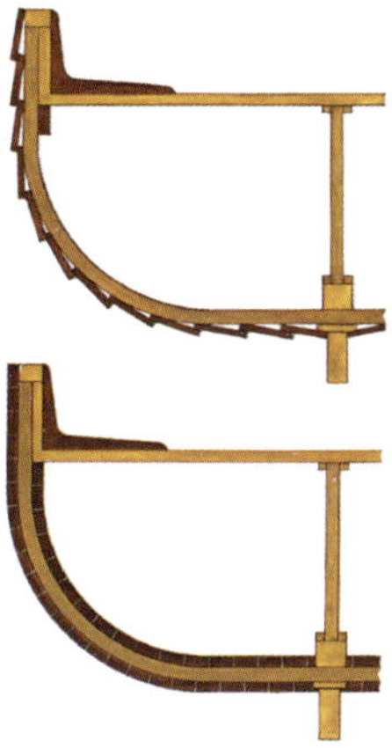

Die Querschnittzeichnungen machen den Unterschied zwischen der Klinkerbauweise (oben) und dem Kraweelbau (unten) deutlich.

Wie sahen die Schiffe der Hanse aus?

Fast zur gleichen Zeit begann sich in Norddeutschland der Städtebund der Hanse zu bilden. Von der Stadt Lübeck ausgehend, schlossen sich seit dem 12. Jahrhundert zunächst Kaufleute mit gleichen Reisegebieten und später auch ihre Heimatstädte zusammen.

Schließlich dehnte sich der Einflussbereich der Hanse von Flandern und England bis nach Nowgorod in Russland und von Deutschland über Skandinavien aus. Obwohl die Hanse nur eine lose Interessengemeinschaft ohne gemeinsame Finanzmittel und Streitkräfte war, vermochte sie bis ins 15. Jahrhundert Politik und Wirtschaft in Europa maßgeblich zu bestimmen.

Ihren Seehandel bewältigten die Hanseaten zunächst mit der Kogge. Das waren einmastige Segelschiffe mit einer langen Entwicklungsgeschichte.

Anfangs hatten diese Fahrzeuge seitliche Steuerruder, ehe im 13. Jahrhundert zum ersten Mal das heute noch gebräuchliche Heckruder verwendet wurde. Vorn und achtern erhielten die Schiffe Kastelle. Das sind Aufbauten, in denen die Besatzung Unterkunft fand und von denen aus die Verteidigung des Schiffes gegen Feinde leichter war.

1962 wurde bei Baggerarbeiten in der Weser eine Kogge aus dem Jahr 1380 gefunden, die heute im Deutschen Schifffahrtsmuseum in Bremerhaven ausgestellt ist. Dieses Schiff ist 23 Meter lang, 7,7 Meter breit und konnte 84 Tonnen laden.

Im 15. Jahrhundert wurde die Kogge rasch vom Holk verdrängt, der bis dahin

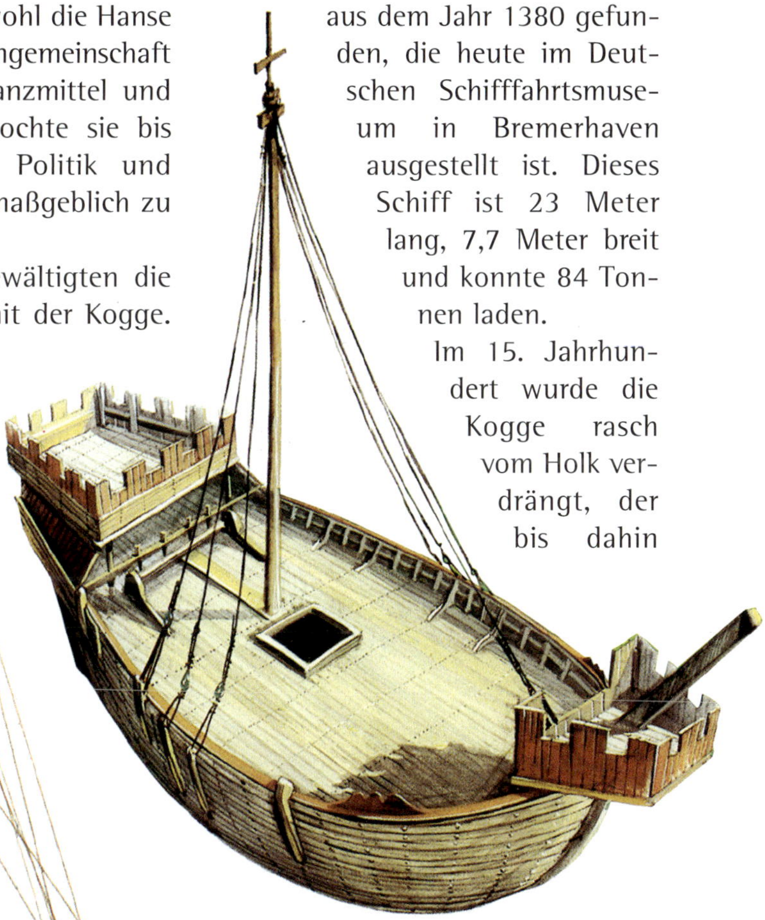

Im 15. Jahrhundert trat der geräumigere Holk an die Stelle der Kogge.

Die Kogge war über 200 Jahre lang der wichtigste Schiffstyp der Hanse.

vor allem zwischen England und Frankreich gefahren war.

Nach 1450 kamen zwei wichtige Neuerungen auf. Erstens ging man von der bis dahin üblichen Klinkerbauweise, bei der sich die Außenhautplanken überlappen, zur Kraweelbauweise über, bei der die Planken stumpf aneinanderstoßen. Zweitens rüstete man die Schiffe jetzt mit drei Masten aus.

Eine der ersten dreimastigen Karacken aus dem 15. Jahrhundert

Beide Neuerungen gingen auf den Schiffbau der Mittelmeerländer zurück. Diese neue Takelung verbesserte die Manövrierfähigkeit entscheidend, denn sie ermöglichte es den Segelschiffen, durch Kreuzen gegen den Wind zu fahren.

Erst mit dem ausgehenden Mittelalter begann die eigentliche Epoche der Seeschifffahrt. Bis dahin hatte sich das wirtschaftliche Interesse Europas auf das feste Land beschränkt. Schiffe dienten dabei dem Warentransport zwischen den einzelnen Ländern des Nord- und Ostseeraums und des Mittelmeers.

Was für Schiffe benutzten die Entdecker?

Im 14. Jahrhundert hatte man in den Mittelmeerländern einen neuen Schiffstyp entwickelt, die Karavelle. Auch sie hatte, wie die nordeuropäischen Schiffe dieser Zeit, schon das Heckruder. Kastelle erhoben sich vorn und achtern auf dem Schiff und schützten die Besatzung vor Spritzwasser und Brechern. Die größeren Ausführungen der Karavelle werden als Karacken bezeichnet. Karavellen und Karacken waren die ersten wirklichen Hochseeschiffe.

Im 15. Jahrhundert wurden sie noch einmal weiterentwickelt, statt zwei hatten die Schiffe jetzt drei Masten. Die beiden vorderen waren rahgetakelt, während der achtere das Lateinersegel trug. Mit dieser Takelage konnte man, wie bereits beschrieben, gegen den Wind kreuzen.

Dieser Schiffstyp blieb bis in das 16. Jahrhundert vorherrschend. Die ersten großen Entdeckungsreisen der Portugiesen und Spanier wurden mit solchen Schiffen unternommen. Auch die SANTA MARIA, das Flaggschiff der Flotte, mit der Kolumbus auf seiner berühmten Reise 1492 Amerika entdeckte, war eine Karacke.

Piraten

Zu den bekanntesten Piraten zählen Klaus Störtebeker und seine Mannschaft, die „Likedeler" (norddeutsch: Gleichteiler). Sie versorgten Stockholm im 14. Jahrhundert während der Belagerung durch die Dänen mit Lebensmitteln. Da Klaus Störtebeker aber nach dem Krieg auf eigene Faust weiter Schiffe kaperte, wurde er in einer Seeschlacht gefangen genommen und 1402 hingerichtet.

Die Karavelle NINA aus der Flotte des Christoph Kolumbus; die dreieckigen Lateinersegel der beiden vorderen Masten wurden später durch viereckige Rahsegel ersetzt.

Der Seefahrer Christoph Kolumbus betritt am 12. Oktober 1492 das erste Mal amerikanischen Boden.

In Nordeuropa war die holländische Fleute ein verbreiteter Schiffstyp, der auch auf den Weltmeeren anzutreffen war. Die größten Schiffe jener Zeit waren die mächtigen Ostindienfahrer der Holländer und Engländer, die Waren aus den ostindischen Kolonien nach Europa brachten. Allen diesen Schiffen war zunächst das hochbordige, gedrungene Aussehen gemeinsam, mit hohen Kastellen vorn und achtern.

Auch im 18. Jahrhundert waren diese Schiffe noch auf allen Meeren anzutreffen. Allerdings verzichtete man jetzt auf die hohen Kastelle. Mit diesen Schiffen bauten die europäischen Seemächte des 16. und 17. Jahrhunderts ihre überseeischen Kolonialreiche auf.

Wie sahen die großen Seeschiffe aus?

Im 16. und 17. Jahrhundert war die Zahl der großen Seefahrernationen auf fünf gestiegen. Neben Spanien und Portugal besaßen die Holländer, Engländer und Franzosen große Handels- und Kriegsflotten.

Die großen Seeschiffe waren meistens Galeonen oder Pinassschiffe, die man aus den Karacken weiterentwickelt hatte. Sie besaßen drei bis vier Masten und trugen bereits mehrere Segel an einem Mast. Auf diesen Schiffen gab es zwei, später sogar drei durchgehende Decks.

Die verschiedenen Typen der Segelschiffe waren zu dieser Zeit allerdings nicht klar zu unterscheiden. Es gab zu viele Bauarten und auch Größen der Schiffe in den einzelnen Ländern.

Die Karacke SANTA MARIA war das Flaggschiff der Kolumbus-Flotte.

Mit den Galeonen transportierten die Spanier das Gold und Silber aus ihren amerikanischen Kolonien ab.

Die brandenburgische Fregatte BERLIN von 1674

Auf allen Meeren war die holländische Fleute anzutreffen.

Im Laufe des 18. Jahrhunderts wurde die Fregatte zum bedeutendsten Kriegsschiffstyp. Als starkes und schnelles Schiff für alle Wetterbedingungen konstruiert, konnte sie als Kaperschiff ebenso eingesetzt werden wie als Konvoischiff. Die ersten dieser Schiffe waren mit 24 bis 28 Kanonen bestückt. Fregatten hatten drei rahgetakelte Masten. Am dritten Mast gab es außerdem noch ein Lateinersegel, das hier erstmals in seiner späteren Form als Besansegel auftrat.

Von der Mitte des 18. Jahrhunderts an waren alle großen Handelsschiffe wie Fregatten getakelt. Äußerlich waren sie kaum von Kriegsschiffen zu unterscheiden, da sie wegen der Seeräuber, die die Meere verunsicherten, meistens schwer bewaffnet waren. Die größten Kriegsschiffe jener Zeit waren die Linienschiffe, die bis zu 100 Kanonen trugen.

Noch heute kann man das mächtige Linienschiff VICTORY aus dem Jahr 1765 in Portsmouth besichtigen.

Piraterie

Schon in der Antike wurde die Seefahrt von einer schlimmen Gefahr bedroht: der Piraterie. So bezeichnet man gesetzeswidrige Gewaltakte gegen Schiffe und Personen auf hoher See. Seeräuberei wird durchweg von kriminellen Banden begangen. Es gibt auch Beispiele für eine staatlich angeordnete Piraterie, wie sie von den sogenannten Kaperfahrern im 15. bis 18. Jahrhundert betrieben wurde. Trotz aller rechtlichen und militärischen Gegenmaßnahmen der Seemächte gibt es die Piraterie – leider sogar zunehmend – auch noch in unserer Gegenwart.

Das Fünfmastvollschiff PREUSSEN war mit 5 081 BRT das größte reine Segelschiff aller Zeiten.

Ein typisches Segelschulschiff des 20. Jahrhunderts ist das Vollschiff DAR POMORZA von 1909, das über 70 Jahre in Dienst stand.

Gab es das vollkommene Segelschiff?

Von den Fregatten des 18. Jahrhunderts führt dann ein direkter Entwicklungsweg zur letzten Epoche der Segelschifffahrt. Durch schärfere Unterwasserlinien und höhere Takelung erreichte man eine größere Geschwindigkeit der Schiffe. Englische und amerikanische Schiffbauer wurden in der Mitte des 19. Jahrhunderts wegen ihrer legendären Klipper berühmt. Das waren besonders schnelle dreimastige Segelschiffe, die für den Transport wertvoller Ladung, zum Beispiel Tee aus Indien, eingesetzt wurden.

Im Schiffbau begann man jetzt auch Eisen zu verwenden. Bei Segelschiffen sah das meistens so aus, dass man die Spanten und Decksbalken aus Eisen herstellte und den Rumpf weiterhin mit Holz beplankte.

Segelführung einer Viermastbark

A Klüverbaum
B Fockmast
C Großmast
D Kreuzmast
E Besanmast

1 Jäger
2 Außenklüver
3 Innenklüver
4 Vorstengestagsegel *
5 Vorroyal
6 Vor-Oberbramsegel
7 Vor-Unterbramsegel
8 Vor-Obermarssegel
9 Vor-Untermarssegel
10 Fock
11 Großroyal
12 Groß-Oberbramsegel
13 Groß-Unterbramsegel
14 Groß-Obermarssegel
15 Groß-Untermarssegel
16 Großsegel
17 Kreuzroyal
18 Kreuz-Oberbramsegel
19 Kreuz-Unterbramsegel
20 Kreuz-Obermarssegel
21 Kreuz-Untermarssegel
22 Bagien
23 Gaffeltopsegel
24 Ober-Besan
25 Besan
26 Groß-Royalstagsegel*
27 Groß-Bramstagsegel
28 Groß-Stengestagsegel
29 Kreuz-Royalstagsegel*
30 Kreuz-Bramstagsegel
31 Kreuz-Stengestagsegel
32 Besan-Bramstagsegel*
33 Besan-Stengestagsegel
34 Besan-Stagsegel

*nicht gesetzt

Dieser wurde unterhalb der Wasserlinie mit Kupferplatten beschlagen, um Fäulnis durch Algenbewuchs zu vermeiden.

Neben den schnellen Klippern baute man im 19. Jahrhundert die ersten Barken und Vollschiffe. Barken sind mit drei Masten getakelt. Vormast und Großmast, das sind die beiden vorderen Masten, tragen Rahsegel. Der achtere Besanmast hat Schonertakelung.

Das Vollschiff unterscheidet sich von der Bark durch die Takelung des achteren Mastes. Beim Vollschiff ist auch dieser rahgetakelt und heißt Kreuzmast. Barken und Vollschiffe können auch mehr als drei Masten haben, unterschieden werden sie an der Takelung des achteren Mastes.

Bei Schiffen mit mehr als drei Masten setzt man die Mastenzahl vor die Typbezeichnung, also Viermastbark oder Fünfmastvollschiff.

Neben Barken und Vollschiffen spielten im Überseehandel Schoner eine Rolle, die zwei bis sieben Masten mit Schratsegeltakelung hatten. Diese Segel sind leichter zu bedienen als Rahsegel. Weitere Segelschiffstypen des 19. Jahrhunderts besaßen gemischte Takelungen.

Um 1900 versuchten deutsche und französische Reeder noch einmal das Segelschiff zu vervollkommnen. Es entstanden fünfmastige Barken und Vollschiffe. Schließlich erwies sich aber die Viermastbark als das optimale Segelfrachtschiff.

Fünf dieser Viermastbarken existieren noch heute. Drei dienen als Museumsschiffe, nämlich die PASSAT in Travemünde, die POMMERN in Mariehamn und die PEKING in New York; zwei fahren als Schulschiffe unter russischer Flagge, die KRUSENSTERN und die SEDOV.

Mit ihrer Bruttoraumzahl (BRZ) 750 gehört die Barkentine LILI MARLEEN zu den kleineren Schiffen der internationalen Kreuzfahrerflotte unter Segeln.

Wozu dienen Segelschiffe heute?

Große Segelschiffe werden heute überwiegend als Schulschiffe eingesetzt. Auf ihnen wird zumeist der Offiziersnachwuchs der Kriegsmarine ausgebildet. Diese Großsegler sind die bewunderten Stars der beliebten Windjammerparaden, an denen aber auch zahllose kleinere Segelschiffe teilnehmen. Diese gehören meist Privatpersonen oder Vereinen. Daneben gibt es auch immer mehr Kreuzfahrtsegler. Auf ihnen kann man als Tourist seinen Urlaub verbringen und dabei allen Komfort eines Passagierschiffes genießen.

Alle diese Schiffe sind heute natürlich zusätzlich mit Motoren ausgerüstet.

FÜNFMASTRAHSEGLER

Das 1905 gebaute Fünfmastvollschiff PREUSSEN konnte 8 000 Tonnen Ladung aufnehmen und gilt vielen als die Krönung des Segelschiffbaus. Tatsächlich stellten diese Großschiffe jedoch eine Fehlentwicklung dar. Ohne Maschinenantrieb waren sie zu unhandlich, und oft gab es auch nicht genug Ladung für eine Fahrt. Den eigentlichen Höhepunkt im Bau von vollkommenen Frachtseglern für die Hochseefahrt stellten dann die ab 1903 in Deutschland gebauten 3 000 BRT großen Viermastbarken dar.

Der Siegeszug der Dampfer

Wer erfand das Dampfschiff?

Diese Frage kann man nicht mit einem Namen oder in wenigen Sätzen beantworten. Theoretisch könnte man den französischen Arzt und Naturforscher Denis Papin (1647 – 1712) als den Erfinder bezeichnen, denn er hat als Erster beschrieben, wie man mit einer Dampfmaschine über Seitenräder ein Schiff antreiben kann.

1707 baute Papin in Kassel ein von Seitenrädern angetriebenes Boot und probierte es auf der Fulda aus. Allerdings hatte dieses Boot keine Maschine, sondern wurde durch Menschenkraft bewegt. Aber die Idee war geboren. Männer wie Hulls, d'Jouffroy Abbans, Fitch, Miller und Symington – um nur ein paar zu nennen – bauten im 18. Jahrhundert Schiffe und Maschinen von verschiedenster Art und mit unterschiedlichen Erfolgen.

Dann gelang 1807 dem Amerikaner Robert Fulton der Durchbruch. Sein hölzerner Raddampfer CLERMONT mit einer Dampfmaschine von James Watt war das erste Schiff, das wirtschaftlich ohne Verluste betrieben werden konnte.

Als erster Dampfer überquerte 1819 die SAVANNAH den Atlantik.

Wann gab es die ersten Überseedampfer?

Obwohl Dampfer bis in die Mitte des 19. Jahrhunderts vorwiegend in der Binnen- und Küstenschifffahrt eingesetzt wurden, gab es auch schon die ersten Überseedampfer. 1819 überquerte die SAVANNAH als erster Dampfer den Atlantik. Sie brauchte fast einen Monat von Savannah (USA) nach Liverpool, und ihre Maschine war dabei nur 85 Stunden in Betrieb; in der übrigen Zeit wurde gesegelt.

Danach dauerte es fast 15 Jahre, ehe wieder Dampfer über den Atlantik fuhren. Im April 1838 kamen sogar gleich zwei aus England in New York an. Der SIRIUS folgte nur sechs Stunden später die GREAT WESTERN. Die Begeisterung der New Yorker war groß. Auch in der Seeschifffahrt brach jetzt das Zeitalter der Dampfer an.

Warum wurden Reedereien gegründet?

Die erste Hälfte des 19. Jahrhunderts brachte der Seeschifffahrt jedoch nicht nur technische Neuerungen. Der sehr schnell ansteigende Welthandel führte dazu, dass die großen Handelshäuser sich immer mehr mit den kaufmännischen Geschäften befassen mussten.

Handel und Transport hatten bisher in einer Hand gelegen, jetzt begannen sie sich zu trennen. Die ersten Reedereien wurden gegründet. Damit bezeichnet man Unternehmen, die Schiffsraum anbieten, in dem die Kaufleute ihre Waren verschiffen können. Mit dem Aufkommen der Dampfer, die ja vom Wind unabhängig waren, ließen sich Fahrpläne aufstellen und einhalten.

Der erste Dampfer der Welt, der als Handelsschiff Gewinne einfuhr, war die amerikanische CLERMONT.

In England entstanden die ersten Reedereien, die Fahrten zu fremden Kontinenten anboten. Die P & O Line fuhr nach Indien und Ostasien, die Pacific S. N. Co. an die Westküste Südamerikas, und 1840 eröffnete die Cunard Line den ersten regelmäßigen Liniendienst über den Nordatlantik. Man nannte diese Schiffe Postdampfer, weil die Regierungen ihnen die Postbeförderung übertragen hatte. Dafür erhielten die Reeder staatliche Zuschüsse.

Die vier ersten Schiffe der Cunard Line waren hölzerne Raddampfer von 1 150 BRT. Diese Atlantikdampfer waren also nicht größer als die heutigen Ausflugsschiffe an unseren Küsten.

Wie entwickelten sich die Dampfer?

Äußerlich glichen diese ersten Dampfer noch weitgehend den gewohnten Segelschiffen, da die Dampfmaschine und die Antriebstechnik noch nicht so vollkommen entwickelt waren, dass man schon auf die Segel verzichten konnte.

Bis nach 1860 hatten die Dampfer Niederdruckmaschinen, die weniger als fünf Prozent der verbrauchten Energie in Antriebsleistung

RADDAMPFER

Während Raddampfer in der Seefahrt nach 1860 kaum noch eine Rolle spielten, konnten sie sich auf den Flüssen und im Küstendienst bis in die Mitte des 20. Jahrhunderts gegen die Schraubenschiffe behaupten – und zwar in allen fünf Erdteilen. Berühmt sind die amerikanischen Heckraddampfer auf dem Mississippi mit ihren mehrere Stockwerke hohen Passagierdecks. Aber auch die Küsten und Flüsse der anderen Kontinente wurden mit Heck- und Seitenraddampfern befahren. Viele dieser alten Schiffe konnten funktionsfähig erhalten werden. In Dresden ist heute die größte Raddampferflotte der Welt beheimatet. Noch immer kann man also die Elbe auf einem dieser Dampfer befahren.

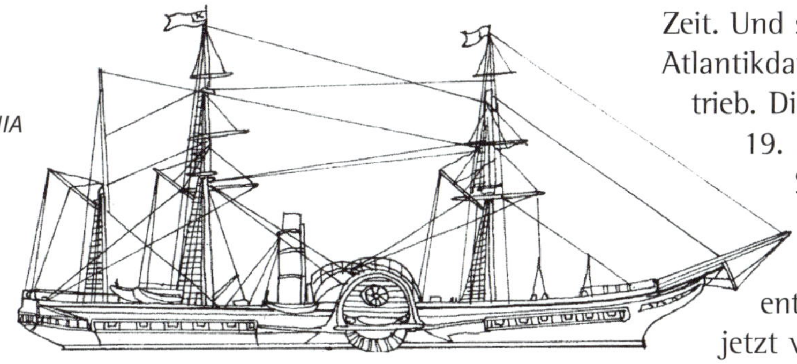

1840 kam die BRITANNIA als erster transatlantischer Postdampfer in Fahrt.

Ohne Kohle kein Dampf

Der Dampf, der die Dampfmaschine in Bewegung setzt, wird durch das Erhitzen von Wasser gewonnen. Bei den großen Wassermengen, die in den Schiffskesseln weit über den Siedepunkt hinaus erhitzt werden mussten, erwies sich die Kohle als der wirkungsvollste Brennstoff. Erst nach 1918 verdrängte das Öl zunehmend die Kohle. Gleichzeitig begann der Dieselmotor als Schiffsantrieb das Ende der Kohlefeuerung auf den Schiffen einzuläuten.

umsetzen konnten. Durch die ständige Verbesserung der Schiffskessel konnte man den Dampfdruck so erhöhen, dass die Dampfmaschinen viel effektiver arbeiten konnten.

Zur gleichen Zeit baute man auch die ersten sogenannten Verbundmaschinen. Diese hatten zwei Zylinder mit verschiedenen Durchmessern. Der Dampf bewegte erst den Kolben in dem kleineren Hochdruckzylinder und hatte dann noch genügend Kraft, auch den Kolben im Niederdruckzylinder anzutreiben. 20 Jahre später gelang es, dieses Prinzip auf drei und schließlich sogar auf vier Zylinder auszudehnen. Neben der enormen Brennstoffersparnis boten diese Maschinen auch eine größere Laufruhe.

Während die Dampfer zuerst über Seitenräder angetrieben wurden, die sich auf der offenen See nur schlecht bewährten, kam 1845 mit der GREAT BRITAIN ein Schiff auf den Atlantik, das in jeder Beziehung etwas Besonderes war. Es war nicht nur der erste eiserne Dampfer auf dem Atlantik, sondern auch das größte Schiff seiner Zeit. Und schließlich war es der erste Atlantikdampfer mit Schraubenantrieb. Dieser löste in der Mitte des 19. Jahrhunderts die für die Seefahrt ungeeigneten Schaufelräder ab.

Auch in der äußeren Form entwickelten sich die Dampfer jetzt vom Segelschiff weg. 1850 war die amerikanische ATLANTIC der erste Dampfer mit einem senkrechten Vorsteven, der bald den geschwungenen Klipperbug verdrängte. Ab 1870 erhielten die Dampfer zusätzliche Aufbaudecks, in denen Wohn- und Gesellschaftsräume untergebracht wurden.

Etwas später begann dann auch die Hilfsbesegelung der Dampfer überflüssig zu werden. Man behielt aber auch dann noch lange ein paar kleine Segel bei, weil der Winddruck auf diese Segel die unangenehmen Schlingerbewegungen dämpfte.

Die vor 1840 gebauten Dampfer waren meist aus Holz, obwohl man seit 1822 auch schon Eisenschiffe baute. 1877 verwendete man im Schiffbau zum ersten Mal Stahl. Dieser Werkstoff übertraf die Festigkeit des Eisens noch einmal entscheidend. Es konnten nun immer größere Schiffe gebaut werden, wie wir im Folgenden sehen werden.

Der englische Ingenieur Brunel konstruierte 1845 die bahnbrechende GREAT BRITAIN.

Ihrer Zeit weit voraus war die GREAT EASTERN. Sie übertraf die damals größten Schiffe um das Fünffache, bewährte sich aber nicht und verdiente später als Kabelleger Geld.

Das Zeitalter der Dampfschifffahrt

Wie entstanden die Spezialschiffe?

Bis etwa 1880 gab es in der Seeschifffahrt eigentlich nur einen Dampfertyp. Es richtete sich ganz nach dem Fahrtgebiet, ob man in diesen Dampfer überwiegend Passagier- oder Laderäume einbaute. In der Größe der Schiffe und in der Geschwindigkeit gab es Unterschiede, aber im Grunde hatte man es immer mit demselben Schiffstyp zu tun.

Diesem Schiff musste die Ladung angepasst werden, das heißt, man musste sie so verpacken, dass sie durch die Luke in den Laderaum passte. Flüssige Ladung wurde also in Fässer gefüllt, für Getreide nahm man Säcke, Maschinenteile wurden in Kisten verpackt und so weiter.

Ab 1870 nahm die Industrialisierung in Europa und in den USA einen steilen Aufschwung. Die Gütermengen wuchsen an, und ebenso schnell stiegen Zahl und Größe der Dampfer auf den Überseerouten. Zeit ist Geld, so lautete das Motto der Geschäftsleute. Das galt auch für die meisten Passagiere, die immer schneller von Land zu Land reisen wollten. Man baute also immer schnellere Dampfer. Auf diesen wurden nun aber auch solche Güter transportiert, die eigentlich gar nicht per Express verschickt werden mussten. Und es gab natürlich Fahrgäste, die langsamer und dafür auch billiger reisen wollten. Wie konnte man das Problem am besten lösen?

Wie Jahrzehnte vorher Kaufmann und Reeder ihre Geschäfte getrennt hatten, teilten die Reedereien jetzt zunehmend die Fracht- und Fahrgastbeförderung neu auf. Schnelldampfer für eilige Passagiere und die Post sowie für dringende Ladung entstanden. Langsamere Frachtdampfer, die oft auch Passagiereinrichtungen hatten, übernahmen den normalen Gütertransport. Dadurch entstanden unterschiedliche Schiffstypen.

Einzelheiten eines alten Frachtdampfers (Bild oben)
Ganz rechts der Bug mit dem genieteten Balkensteven. Der erhöhte Teil des Vorschiffs ist die Back mit den Ankerwinden. Im Vorschiff sind Matrosen, das Ankergeschirr und Verbrauchsmaterial untergebracht. Nach achtern erstreckt sich das Deck mit den vier Ladeluken und zwei Masten mit zwei beziehungsweise drei Ladebäumen. Die gebogenen Röhren sind sogenannte Windhutzen, durch die frische Luft unter Deck gelangt. Mittschiffs befindet sich der Aufbau mit Kommandobrücke und Rettungsbooten; hier wohnen die Offiziere. Ganz links ist das Heck, darüber das Poopdeck, darauf das Deckshaus mit dem Niedergang zu den achteren Besatzungskammern.

Die ARIZONA von 1879 war der erste Schnelldampfer.

Schnelldampfer

Sie bieten den Reisenden immer die zu ihrer Zeit besten technischen Möglichkeiten. Das betrifft nicht nur die Geschwindigkeit und die Schiffsgröße, sondern auch die Ausstattung der Passagiereinrichtungen.

Was ist ein Passagierschiff?

Passagierschiffe dienen der Fahrgastbeförderung. Sie sind an den lang gestreckten und hohen Aufbauten erkennbar. Ein weiteres Kennzeichen sind die langen Reihen der Bullaugen (runde Schiffsfenster) im Rumpf des Schiffes.

Passagierschiffe hatten früher bis zu vier hohe Schornsteine. Moderne Kreuzfahrtschiffe haben heute meist nur noch einen Schornstein oder Abgaspfosten, die ziemlich weit achtern liegen. Sie können auch paarweise nebeneinanderstehen.

Passagierschiffe gibt es in vielen Größen und mit unterschiedlicher Geschwindigkeit. Neben den reinen Fahrgastschiffen, das sind Schnelldampfer oder Kreuzfahrer, gibt es auch Schiffe, die außer den eleganten Passagiereinrichtungen noch Frachträume haben.

Bis etwa 1950 wurde der Passagierverkehr nach Übersee fast ausschließlich mit Schiffen durchgeführt. Seitdem zog das Düsenflugzeug von Jahr zu Jahr mehr Fahrgäste an. Anfang der 1970er-Jahre musste die Passagierschifffahrt auf fast allen Überseelinien eingestellt werden. Heute sind Passagierschiffe meistens Kreuzfahrer, auf denen die Menschen unbeschwerte Urlaubsreisen zu den schönsten Plätzen der Welt unternehmen können.

Passagierschiffe waren rund 100 Jahre lang nicht nur die größten Schiffe der Welt, sie gehören auch zu den technisch aufwendigsten und kulturgeschichtlich interessantesten Schöpfungen der Menschen.

KAISER WILHELM DER GROSSE des Norddeutschen Lloyd in Bremen war 1897 das größte und schnellste Schiff der Welt.

Von 1909 bis 1929 hielt die MAURETANIA das Blaue Band für die schnellste Überquerung des Atlantischen Ozeans.

Die größten deutschen Passagierschiffe in den 30er-Jahren des letzten Jahrhunderts waren die BREMEN (Illustration rechts) und die EUROPA. Sie führten Katapultflugzeuge mit, die ca. 800 Kilometer vor dem Endhafen gestartet wurden. Dadurch erreichte die Post ihre Empfänger 24 Stunden früher.

Was verstehen wir unter Schnelldampfer und Blauem Band?

Von Anfang an wetteiferten die großen Reedereien und ihre Nationen um den Ruhm, das größte und schnellste Schiff zu besitzen. Solche Rekorde machten die Reederei bekannt und zogen zusätzlich Passagiere an.

Der Kampf um das Blaue Band, das heißt, um die schnellste Überquerung des Nordatlantiks, war daher keineswegs ein von Profitsucht getriebenes, gewissenlos ausgetragenes Wettrennen über See, wie es manchmal dargestellt wird. Es handelte sich im Gegenteil um ein mehr als hundertjähriges, spannendes Ringen um die besten technischen Lösungen für ein gleichermaßen schnelles, wirtschaftlich zu betreibendes und sicheres Passagierschiff. Die mit den Schnelldampfern gemachten Erfahrungen kamen in Form von Verbesserungen der gesamten Schifffahrt zugute.

Das Blaue Band wurde dem jeweils schnellsten Passagierschiff auf der Route Europa – USA zuerkannt. Es war bis 1934 eine ideelle Auszeichnung. Es wehte also kein blauer Wimpel am Mast des Schiffes.

Der Untergang des britischen Riesendampfers TITANIC auf seiner Jungfernreise 1912 gilt als das größte Schiffsunglück in Friedenszeiten.

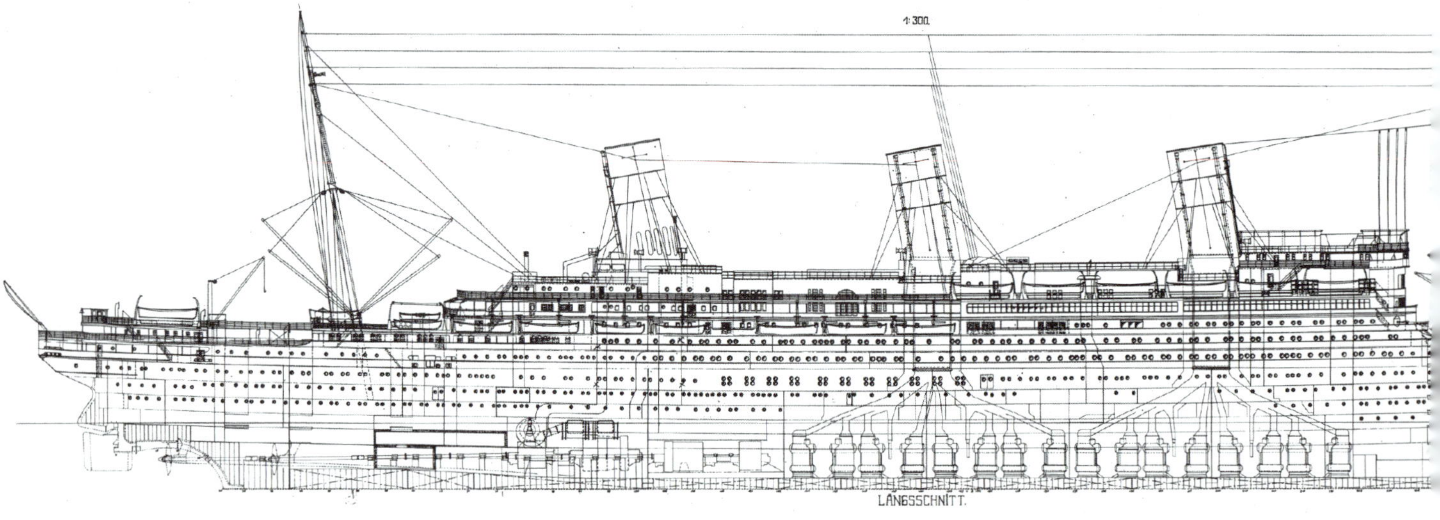

VATERLAND **(Bild unten)** **Seitenriss des größten unter deutscher Flagge in Dienst gestellten Passagierschiffes. Es wurde 1914 bei Blohm & Voss in Hamburg für die Hamburg-Amerika-Linie gebaut. 54 282 BRT groß war die VATERLAND, 24 Knoten schnell, beförderte 3 905 Passagiere in vier Klassen und hatte 1 234 Besatzungsmitglieder. Als Längsschnitt sind unter den vorderen Schornsteinen die Dampfkessel erkennbar, dahinter unter dem linken Schornstein die Antriebsturbinen.**

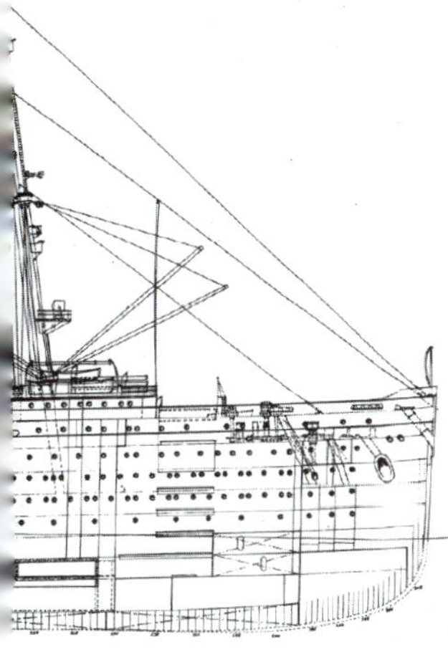

Erst 1935 wurde ein Siegerpokal gestiftet.

Nachdem 1958 die ersten Düsenflugzeuge Fahrgäste über den Atlantik beförderten, wurde die Übersee-Passagierschifffahrt überflüssig. Damit hatte der Wettbewerb um das Blaue Band seinen Sinn verloren. Der 1935 gestiftete Pokal wird seit 1990 an schnelle Fährkatamarane verliehen (siehe Seite 41). Das geschieht natürlich nach geänderten Richtlinien und hat mit dem Blauen Band nichts mehr zu tun.

Ausgewählte Rekordfahrten

Jahre[1]	Zahl	Schiff	BRT[2]	PS[3]	kn[4]	T-S-M[5]
1838	1	SIRIUS	703	600	8,03	18-14-22
1838–1845	4	GREAT WESTERN	1 340	750	9,52	13-12-00
1850–1851	1	PACIFIC	2 707	2 500	12,46	10-04-45
1863–1872	1	SCOTIA	3 871	4 900	14,46	8-03-00
1882–1884	4	ALASKA	6 932	11 000	17,05	6-23-48
1889–1893	4	CITY OF PARIS	10 449	18 500	20,01	5-19-18
1900–1907	4	DEUTSCHLAND	16 502	37 800	23,06	5-16-12
1909–1929	1	MAURETANIA	31 938	78 260	26,06	4-10-51
1930–1933	2	EUROPA	49 746	136 400	27,92	4-16-48
1936–1952	2	QUEEN MARY	80 774	200 000	30,99	3-21-48
1952–heute	1	UNITED STATES	53 329	242 000	34,51	3-12-12

1 Zeitraum, in dem das Schiff das Blaue Band besaß.

2 BRT bedeutet BruttoRegisterTonne.

3 Hier ist die höchste von dem Schiff erreichte Maschinenleistung angegeben.

4 kn bedeutet Knoten. 1 kn = 1 Seemeile pro Stunde; 1 Seemeile = 1,852 Kilometer. Angegeben ist die höchste Durchschnittsgeschwindigkeit, die im links angegebenen Zeitraum erreicht wurde.

5 T-S-M = Tage-Stunden-Minuten der Überfahrtzeit von Europa nach den USA. Scheinbare Widersprüchlichkeiten bei den Rekorddaten sind auf unterschiedlich lange Fahrtrouten und auf schiff- und maschinenbauliche Besonderheiten zurückzuführen.

Diese Auswahl von zehn der insgesamt 36 Schiffe, die zwischen 1838 und 1952 das Blaue Band gewannen, dokumentiert den Fortschritt in der internationalen Schiffs- und Schiffsmaschinentechnik im Zeitalter der überseeischen Dampfschifffahrt.

Wie sehen moderne Kreuzfahrtschiffe aus?

Kreuzfahrten sind Seereisen, die auf sonnigen Routen ausgesucht schöne Häfen ansteuern – und alles nur zum Vergnügen der Fahrgäste.

1900 stellte die Hamburg-Amerikalinie mit der PRINZESSIN VICTORIA LUISE den ersten Neubau eines Luxusschiffes für die weltweite Kreuzfahrt in Dienst. Bis 1960 gab es allerdings nur wenige reine Kreuzfahrtschiffe. Die meisten Vergnügungsreisen wurden mit normalen Passagierschiffen durchgeführt. Die Konkurrenz des Düsenflugzeuges machte später viele dieser Schiffe überflüssig, die deshalb zu Kreuzfahrtschiffen umgebaut wurden.

Der erste Kreuzfahrtschiffneubau der Welt, die PRINZESSIN VICTORIA LUISE (4 419 BRT, 192 Passagiere)

Die UNITED STATES ist die letzte Gewinnerin des Blauen Bandes, das sie 1952 errang.

Ende der 1960er-Jahre begann dann die Zeit der Kreuzfahrten, wie sie heute üblich sind. „Schwimmende Paläste“ bieten ihren Passagieren ein luxuriöses Leben auf See. Herausragendes Beispiel eines großen Kreuzfahrtschiffs der Gegenwart ist die 2009 in Dienst gestellte OASIS OF THE SEA mit 225 282 BRZ und Platz für 6 296 Fahrgäste. Die berühmte QUEEN MARY 2, mit 148 528 BRZ und im Jahr 2004 gebaut, kann 3 090 Kreuzfahrtgäste aufnehmen.

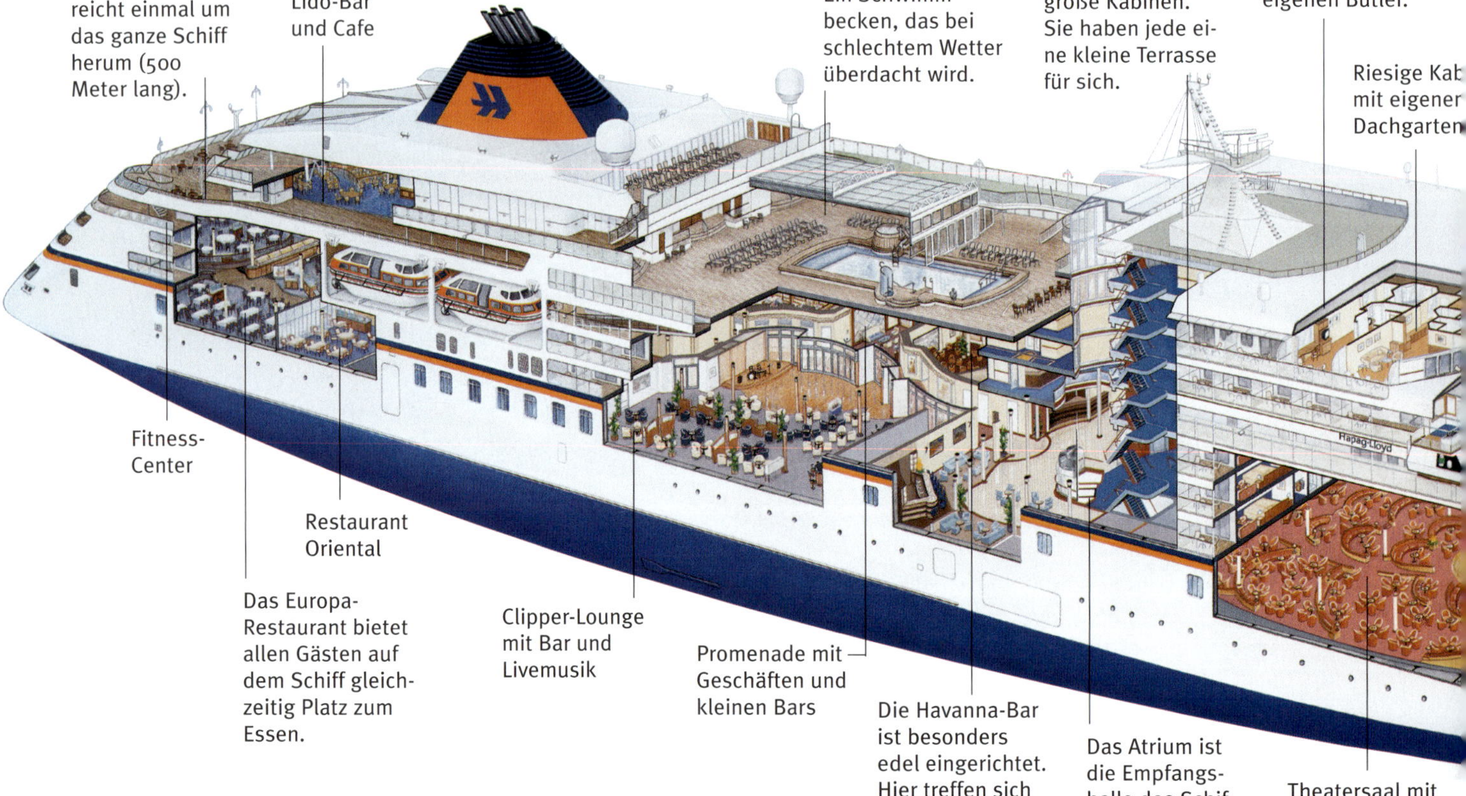

In der zweiten Hälfte des 19. Jahrhunderts stieg die Bevölkerungszahl in den Industrieländern rasch an.

Was ist ein Kühlschiff?

Die eigene Landwirtschaft konnte nicht mehr alle Menschen ernähren. Da es in den Weiten Südamerikas und Australiens riesige Rinderherden gab, wollte man diese als Fleischquelle für Europa nutzen. Es stelle sich jedoch das Problem, wie man das Fleisch während der langen Ozeanfahrt frisch halten sollte.

Nach vielen Versuchen gelang 1875 die Konstruktion einer Ammoniak-Eismaschine, die eine ausreichende Leistung brachte und auch für den Einbau in Schiffe geeignet war. In den Jahren 1877 bis 1880 gab es die ersten Ladekühlräume auf britischen und französischen Schiffen, mit denen Fleisch von Südamerika nach Europa gebracht wurde. Bessere Kältemaschinen und eine neue Isoliertechnik erlaubten schließlich auch Fleischtransporte von Australien nach England.

Kühlschiffe zeichnen sich durch besonders elegante Schiffsformen aus. Der weiße Rumpfanstrich betont diesen Eindruck noch.

Um die Jahrhunderwende kamen mit Kühlschiffen die ersten Bananen aus Mittelamerika nach Europa. Zuerst gab es nur einzelne Kühlräume in den Frachtern. Später baute man richtige Kühlschiffe, deren gesamter Laderaum isoliert war. „Bananendampfer" werden diese Kühlschiffe volkstümlich auch genannt.

Moderne Kühlschiffe sind über 10 000 BRZ groß, in ihren Laderäumen können Temperaturen bis minus 20 Grad Celsius erzeugt werden, und die Geschwindigkeit liegt bei über 20 Knoten. Heute werden auch Kühlladungen zunehmend in Containern befördert.

Was ist ein Tanker?

Seit etwa 1850 förderte man in Pennsylvania in den USA und bei Baku am Schwarzen Meer immer mehr Erdöl. Das Petroleum, das ist ein Anteil des Erdöls, wurde anfangs hauptsächlich für Beleuchtungszwecke gebraucht. Man brachte es in Fässern nach Europa, was sehr aufwendig war.

Es war der deutsche Reeder Riedemann, der die Idee hatte, seinen Segler ANDROMEDA zum Tanker umzubauen. Als sich das Schiff bewährte, bestellte Riedemann in England den ersten Übersee-Tankdampfer der Welt, die 1886 in Dienst gestellte GLÜCKAUF.

Diesem Schiff stand die Öffentlichkeit anfangs sehr misstrauisch gegenüber. Man hielt das Schiff für eine schwimmende Bombe, weil die gefährliche Ladung und die Feuer

MS EUROPA

Sie gilt als eines der luxuriösesten Kreuzfahrtschiffe der Welt. Mit einer Länge von 198 Metern, einer Breite von 24 Metern und 7 Passagierdecks biete sie 408 Fahrgästen Platz. Sie wurde 1999 in Finnland gebaut 275 Besatzungsmitglieder sind auf ihr beschäftigt. Rechnet man ihre Fahrten jährlich zusammen, dann würde die EUROPA drei Mal in einem Jahr den Äquator umrunden und in mehr als 150 Häfen anlegen. Das Bild unten zeigt, wie sie aufgebaut ist.

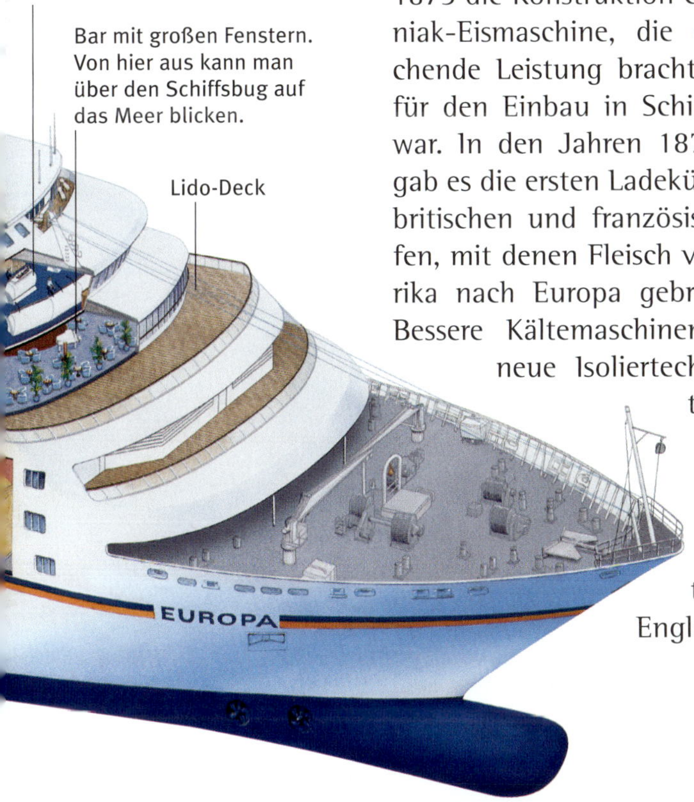

der Kessel so nahe beieinanderlagen. In New York, wo der Tanker seine erste Ladung übernehmen sollte, streikten die Petroleumarbeiter, weil sie um ihre Arbeitsplätze fürchteten.

Doch die neue Idee war nicht mehr aufzuhalten, zumal der Bedarf an flüssigen Brennstoffen in aller Welt größer wurde. Besonders nach der Erfindung des Otto- und des Dieselsmotors stieg der Bedarf geradezu sprunghaft an. 1914 gab es auf der Welt bereits 340 große Hochseetanker über 1 000 BRT, 1939 waren es 1 700. Der größte Tanker der Welt war damals die C. O. STILLMANN der Esso mit 16 436 BRT und 24 000 t Tragfähigkeit.

Das enorme Wachstum der Weltwirtschaft nach dem Zweiten Weltkrieg führte zu einem ungeahnten Energiebedarf. Immer größere Mengen des Hauptenergieträgers Erdöl mussten aus den Förderländern zu den Verbrauchern transportiert werden. Immer mehr und immer größere Tanker entstanden. Seit 1966 sind nicht mehr Passagierdampfer die größten Schiffe der Welt, sondern Tanker. Erst seit der Ölkrise 1973 begann man zögernd sparsamer mit dem Rohstoff Öl umzugehen.

Tanker befördern alle Arten flüssiger Ladung wie Rohöl, Benzin, Speiseöl, Wein oder auch Teer. Auf die modernen Chemie- und Gastanker wird später eingegangen (siehe Seite 39). Bis etwa 1960 erkannte man die Tanker an ihrer besonderen Bauart. Sie hatten den Schornstein ganz hinten und die Brücke in der Mitte. Heute werden alle Aufbauten achtern errichtet.

Die GLÜCKAUF war die Ur-Ahnin aller Tanker.

Tanker kommen im Allgemeinen mit verhältnismäßig geringer Geschwindigkeit aus, meist weniger als 16 Knoten. Für den Transport von Fetten und Teerprodukten sind sie mit Tankheizungen ausgerüstet. Da solche Ladung in kaltem Zustand nicht mehr flüssig ist, könnte sie ohne Heizung nicht durch Pumpen entladen werden.

Im Gegensatz zu den einfachen Rohöltankern können moderne Produktentanker mehr als 20 verschiedene Arten von flüssiger Ladung gleichzeitig fahren und sie dabei auf den erforderlichen unterschiedlichen Temperaturen halten.

Der Rumpf der GLOBTIK TOKYO ist 380 Meter lang, 62 Meter breit und vom Kiel bis zum Hauptdeck 36 Meter hoch. Sie kann 480 000 Tonnen Öl fassen. Mittlerweile gibt es Tanker die sogar 560 000 Tonnen Tragfähigkeit besitzen.

Was ist ein Fährschiff?

Wo der Handel und das Zusammenleben von Menschen durch Flüsse oder Meeresbuchten erschwert wurde, baute man Brücken. Wenn das wegen technischer Schwierigkeiten nicht möglich war, setzte man Fährschiffe ein. Das waren auf Flüssen und Kanälen anfangs kleine hölzerne Fahrzeuge.

Im Zeitalter der Technik kamen dann mehr und mehr maschinengetriebene Fahrzeuge zum Einsatz. Bis heute gibt es die reinen Personenfährschiffe über Flüsse, Kanäle, Förden oder vom Festland zu vorgelagerten Inseln.

Daneben gab es auf Flüssen und Kanälen schon früh die Fahrzeugfähren, die Fuhrwerke und später Autos ans andere Ufer brachten. Heute gibt es Autofähren auch als Seeschiffe, wie wir noch sehen werden.

Als Mitte des 19. Jahrhunderts in aller Welt Eisenbahnen gebaut wurden, stand man schnell vor dem Problem, wie man Inseln in das Verkehrsnetz einbeziehen oder wie die Eisenbahn Gewässer überwinden könnte, die sich nicht durch Brücken überspannen ließen. Solche Gebiete waren zum Beispiel die britischen und dänischen Inseln, der Englische Kanal, das japanische Inselreich und auch die großen Seen und Meeresbuchten in Amerika.

Das Eisenbahnfährschiff wurde entwickelt. Man baute Schiffe, auf deren Decks Schienen verlegt waren. Für diese Schiffe wurden Spezialanleger konstruiert, deren Fährbetten das Schiff so hielten, dass die Gleise auf dem Deck genau gegen die Schienen an Land passten. Die Waggons konnten jetzt an Deck rollen und mit dem Schiff über das Gewässer transportiert werden. Am Zielort rollten sie auf die gleiche Weise wieder von Bord.

Die Größenentwicklung der Eisenbahnfährschiffe wird deutlich, wenn man die 1 500 BRT großen Schiffe, mit denen 1903 der Fährdienst zwischen Warnemünde und Gedser aufgenommen wurde, mit den über 20 000 BRZ großen Eisenbahnfährschiffen der Gegenwart vergleicht.

Der Massengutfrachter SAAR ORE kann in seinem 253 Meter langen Rumpf 100 000 Tonnen Erz laden.

Was ist ein Massengutfrachter?

Diese Schiffsart befördert alle Arten von Schüttladungen, wie Getreide, Erz oder Kohle. Auch diese Schiffe sind wie die Tanker verhältnismäßig langsam, da ihre Ladungen es „nicht eilig haben". Bulkcarrier, wie man diese Schiffe mit ihrer englischen Bezeichnung international nennt, haben meistens kein Ladegeschirr. Sie werden in den Häfen mit Spezialgeräten entladen. Die größten Massengutfrachter können heute über 250 000 Tonnen Ladung tragen.

Was ist ein Stückgutfrachter?

Der Stückgutfrachter war rund 100 Jahre lang das Rückgrat der Welthandelsflotte. Heute werden die Aufgaben dieses Schiffstyps immer mehr von Containerschiffen übernommen.

Ein Eisenbahnzug fährt durch die geöffnete Bugrampe in das Fährschiff.

Seit den 1870er-Jahren, als die ersten Stückgutfrachter aufkamen, hat sich das Aussehen dieser Schiffe 100 Jahre lang kaum geändert, abgesehen natürlich von den vielen Verbesserungen durch die fortschreitende Technik. Der typische Stückgutfrachter hatte seine Aufbauten mittschiffs, auf denen auch der Schornstein stand. Je nach der Größe des Frachters gab es vor und hinter der Brücke bis zu sechs Ladeluken, mehrere Masten und Ladepfosten.

Auf diesen Schiffen wurde alle Ladung transportiert, für die es keine Spezialschiffe gab. Viele dieser Schiffe liefen in fahrplanmäßigen Liniendiensten. Oft hatten sie Einrichtungen für Passagiere. Deren Zahl war zuletzt auf zwölf beschränkt, wenn das Schiff keinen Arzt an Bord hatte.

Die ersten Stückgutfrachter liefen knapp 10 Knoten, und noch 1950 galt ein Frachter mit 15 Knoten als schnelles Schiff. Im Laufe der Zeit nahm der Welthandel zu und verlangte immer mehr Transportraum. So entstand schließlich um 1965 die höchste Entwicklungsstufe des Stückgutfrachters, der Schnellfrachter. Das waren Schiffe von ca. 11 000 BRT Größe, die Geschwindigkeiten bis zu 25 Knoten laufen konnten. Dadurch verkürzten sich die Reisezeiten zwar erheblich, aber die Transportprobleme blieben bestehen.

Als die letzten Schnellfrachter noch auf den Helgen lagen, wurden die ersten schon von den Containerschiffen verdrängt.
In den Handelsflotten der Welt gibt es heute kaum noch klassische Stückgutfrachter.

Trampfrachter

nennt man jene Stückgutfrachter, die in der sogenannten wilden Fahrt beschäftigt sind. Sie folgen keinem Fahrplan, sondern fahren jeweils dorthin, wo es gerade eine Ladung für sie gibt.

Ein typischer Stückgutfrachter, wie er hundert Jahre lang bis etwa 1970 auf allen Meeren anzutreffen war. Brücke und Maschine liegen mittschiffs.

Moderne Schnellfrachter mit Schwergutladegeschirr transportieren auch Container an Deck.

Welche Fischereifahrzeuge gibt es?

Fischerboote aller Arten und Größen gibt es auf den Flüssen und vor den Küsten seit dem Beginn der Schifffahrt. Aber erst in den 80er-Jahren des 19. Jahrhunderts begann man auch für die Fischerei maschinengetriebene Schiffe einzusetzen.

Der erste deutsche Fischdampfer war 1885 die SAGITTA. Das war ein kleiner Dampfer, der seine Schleppnetze seitlich ausbrachte und den Fang ebenso über die seitliche Bordwand wieder einholte.

Diese Seitenfänger blieben bis etwa 1950 der Haupttyp des Fischdampfers. Dann gab es die ersten Heckfänger, bei denen das Netz mit Motorwinden über eine Heckaufschleppe eingeholt wird. Dadurch kann man größere Netze verwenden und gleichzeitig Personal einsparen.

Den nächsten Schritt stellten zehn Jahre später die großen Verarbeitungsschiffe dar. Auch sie ziehen ihren Fang über die Heckaufschleppe an Bord. Wie die Bezeichnung schon sagt, wird dann aber der Fang über das Schlachten der Fische hinaus bereits zu Filets und anderen Produkten weiterverarbeitet.

Ein typischer Küstenfischkutter, wie ihn vielleicht manche aus den Ferien am Meer kennen.

Der moderne Heckfänger MOND ist ein Fang- und Verarbeitungsschiff.

Dieser ältere Fischdampfer war noch ein sogenannter Seitenfänger.

Was sind Walfangschiffe?

Zu den Fischereischiffen zählt man auch die Walfangflotten, obwohl der Wal ja kein Fisch, sondern ein Säugetier ist. Vom 17. bis ins 19. Jahrhundert wurden Wale von großen Ruderbooten aus gejagt und mit Handwaffen getötet. Bei dieser Methode hatte der einzelne Wal durchaus eine Chance gegen die Menschen, und so manches Jagdboot wurde von Walen zerschmettert. Die erlegten Wale wurden dann auf den sogenannten Mutterschiffen in Walkochereien verarbeitet. Mit den Dampfern kam der industrielle Walfang auf. Die Wale wurden jetzt von fischdampferähnlichen Schiffen, den Fangbooten, aus gejagt. Diese hatten eine Harpune auf dem Vorschiff, die durch eine Kanone abgeschossen wurde. Das an einem Seil befestigte Geschoss wurde in den Körper des Wals hineingeschleudert und verwandelte sich dort beim Anziehen des Seiles in einen Widerhaken. So hatte der Wal keine Möglichkeit zur Flucht mehr. Riesige Walkochereien verarbeiteten dann die Tiere, die von den Fangbooten herangeschleppt wurden.

Diese blutige Jagd führte zu einem starken Rückgang vieler Walarten, sodass in den 1960er-Jahren viele Nationen den Walfang aufgaben. Die von der Internationalen Walfangkommission 2006 ausgesprochene Ächtung des Walfangs konnte Japan, Norwegen und andere Länder allerdings nicht dazu bewegen, den Walfang ganz aufzugeben.

Im Vordergrund sieht man das Fangboot mit der Harpune. Im Hintergrund liegt das Walfangmutterschiff. Deutlich ist die Heckaufschleppe zu erkennen, über die man die Wale mit Winden an Bord zieht.

Walkochereien

Auf den zahlreichen Walfangmutterschiffen des 20. Jahrhunderts wurde der Wal so gut wie restlos verwertet. An Bord gab es riesige Kochereien. Hier verarbeitete man das Walfleisch zu Konserven und die gewaltigen Speckschwarten zu Fetten. Aus den inneren Organen des Wals gewann man wertvolle Öle, und selbst die Knochen wurden zerkleinert und zu Öl zerkocht.

Das Fangboot hat den Wal harpuniert, der nun zum Mutterschiff geschleppt wird.

Über die Bugrollen führt der Kabelleger die Unterseekabel ins Wasser.

Mit sogenannten Versetzbooten werden die Lotsen an Bord der großen Schiffe gebracht.

Feuerschiffe wurden überall da stationiert, wo man keine Leuchttürme bauen konnte.

Lotsen

Sie beraten die Offiziere großer Schiffe beim Befahren von Flüssen, Seekanälen sowie Hafen- und Küstengewässern. Hier herrscht in allen Ländern der Erde Lotsenzwang, damit die Schiffe ihr Ziel sicher erreichen können. Lotsen sind Kapitäne und kennen auf „ihren" Wasserwegen jede Sandbank.

Welche Schiffstypen gibt es sonst noch?

Es gibt unzählige verschiedene Schiffstypen. Schon um den Betrieb in einem modernen Hafen aufrechtzuerhalten oder die Wasserwege zu kontrollieren und sicher zu machen, sind ständig ganze Flotten verschiedenster Schiffsarten unterwegs.

Für den schnellen Nachrichtenverkehr über See oder gar in andere Erdteile brauchte man im 19. Jahrhundert Unterseekabel. Sie wurden von eigens für diesen Zweck gebauten Kabellegern auf dem Meeresboden verlegt. Obwohl es heute Funk und Satellitentechnik gibt, sind immer noch Kabelleger im Einsatz.

Vor Flussmündungen und in Seegebieten mit Untiefen wiesen Feuerschiffe dem Schiffsverkehr den richtigen Weg. Die meisten dieser schwimmenden Wächter wurden in der letzten Zeit durch Seezeichen wie Signaltürme oder Großbojen ersetzt.

Diese und viele andere schwimmenden Seezeichen vor den Küsten und auf den Flüssen müssen ständig überprüft und ausgewechselt werden. Dazu dienen Tonnenleger, die mit starken Kränen die Bojen und Tonnen auslegen oder einholen.

Für den Einsatz in Seenotfällen gibt es Seenotkreuzer. Das sind kleine, seetüchtige und so gut wie unsinkbare Boote, die mit bis zu 26 Knoten, also 50 Stundenkilometer schnell, fahren können. Sie stehen bei jedem Wetter zur Rettung von Menschenleben bereit.

Polizei- und Zollboote überwachen die Einhaltung der staatlichen Vorschriften. Zu den wichtigsten Hilfsschiffen der großen Ozeanriesen gehören die Schlepper. Hafenschlepper bringen die großen Schiffe in den engen Flussläufen oder Hafen-

Feuerlöschboote halten sich in allen größeren Häfen bereit; hier führt ein Boot die Leistungsfähigkeit seiner Wasserpumpen vor.

Vermessungsschiffe prüfen ständig die Veränderungen des Meeresbodens durch Gezeiten und Stürme.

gewässern sicher an ihre Liegeplätze. Seeschlepper ziehen große Schwimmdocks oder Leichter über See. In Notfällen stehen sie beschädigten oder gestrandeten Schiffen bei. Ihre harte Arbeit leisten sie auf der Basis „no cure no pay", das bedeutet: Geld bekommt der Schlepper ohne Rücksicht auf die Dauer seiner Hilfeleistung nur dann, wenn seine Hilfe erfolgreich abgeschlossen wird.

Wir haben noch längst nicht alle Arten von Schiffen aufgezählt, es gibt noch Lotsenversetzschiffe, Bohrinselversorger, Forschungsschiffe, Bergungsleichter, Feuerlöschboote, Bunkerboote und Schwimmkräne. Die meisten Seeschiffstypen gibt es in kleinerer Ausführung als Küstenschiffe. Natürlich darf man auch nicht die vielen Typen der Binnenschiffe vergessen, die auf Seen, Flüssen und Kanälen unterwegs sind.

Welchen Einfluss hatte die Technik des 20. Jahrhunderts?

Die Technik des 20. Jahrhunderts hat sicherlich auch die Schiffbautechnik sehr stark beeinflusst. Um 1900 hatten die Dampfer noch den scharfen senkrechten Vorsteven und das schräge elliptische Dampferheck. Die Decks verliefen zwischen Bug und Heck in einem sanften Bogen, den man Sprung nennt.

Um 1930 begann sich der heute übliche ausfallende Vorsteven durchzusetzen. Schon vorher hatte man die runde Heckform eingeführt, und um 1960 kam das schon aus der Segelschiffszeit bekannte Spiegelheck wieder zu Ehren. Zur gleichen Zeit wurde der schon länger bekannte Wulstbug allgemein eingeführt. Diese Vorwölbung macht das Schiff schneller oder spart Brennstoff. Ab 1930 begann man, auch den Aufbauten eine Stromlinienform zu geben. Die 1950er-Jahre brachten dann den endgültigen Durchbruch der Schweißtechnik im Schiffbau. Das bedeutete, dass die Niethämmer überflüssig wurden.

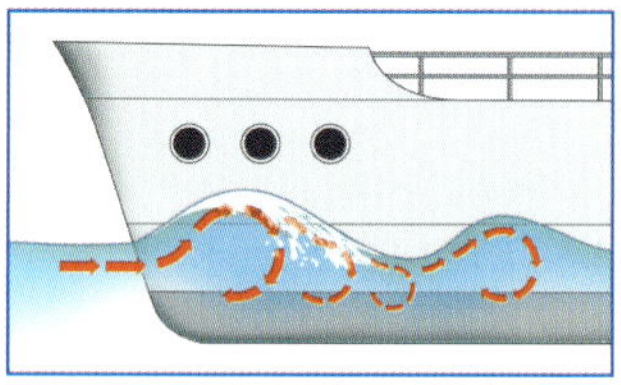

Schiffe mit einem herkömmlichen Bug schieben einen hohen Wellenberg vor sich her, der viel Antriebsenergie kostet.

In engen Hafengewässern sind die großen Seeschiffe auf die Hilfe kräftiger und wendiger Schlepper angewiesen.

Ein Seenotkreuzer im Einsatz. Deutlich ist am Heck das Tochterboot erkennbar.

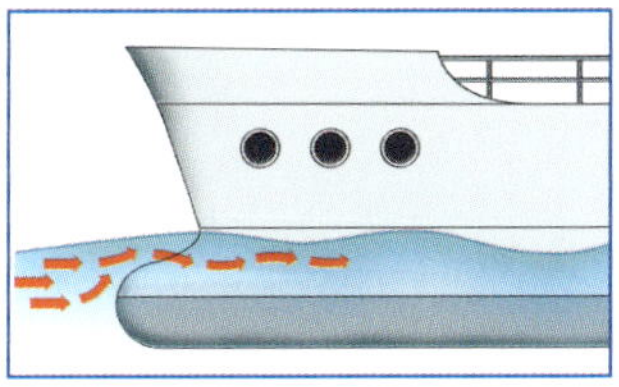

Ein Bugwulst verteilt das anströmende Wasser so günstig, dass der Wasserwiderstand ganz erheblich vermindert wird.

Um 1970 setzte sich im Schiffbau allerdings eine reine Nützlichkeitsform durch. Während die Stromlinienform heute nur noch bei den Unterwasserlinien eine Rolle spielt, werden sonst gerade Decks, senkrechte Linien und kantige Aufbauten bevorzugt. Eine Ausnahme hiervon sind die Passagierschiffe.

Im Schiffsmaschinenbau gab es seit 1900 viele Neuerungen. Im ersten Jahrzehnt setzte sich die Dampfturbine als Antrieb für schnelle Schiffe durch. Die Kanalfähre KING EDWARD war 1901 das erste Handelsschiff mit Turbinen, und schon 1907 errang der 30 000 BRT große Turbinenschnelldampfer LUSITANIA das Blaue Band.

Die POLARSTERN ist heute das leistungsfähigste Polarforschungsschiff der Welt.

Seit 1912 gibt es seegehende Dieselmotorschiffe, die erste war die dänische SELANDIA. In den folgenden Jahren wurden nicht nur die Dieselmotoren weiterentwickelt, sondern auch elektrische Antriebsanlagen für Schiffe konstruiert. Bei all diesen Entwicklungen ging es darum, möglichst platzsparende und leistungsstarke Motoren mit niedrigem Verbrauch zu bauen. Seit dem Zweiten Weltkrieg gibt es auch Gasturbinenschiffe. Hier wird die Turbine nicht mit Dampf, sondern mit stark erhitzten Gasen angetrieben.

Der schwedische Eisbrecher TOR kommt im finnischen Meerbusen einem vom Eis bedrängten Frachter zu Hilfe.

Schließlich gibt es Schiffe mit dem sogenannten Atomantrieb. Die Bezeichnung ist sachlich nicht korrekt. Der Atomreaktor treibt ja nicht die Schiffsschraube, sondern liefert nur die Energie, mit der das Kesselwasser zu Dampf erhitzt wird. Dieser treibt dann normale Turbinen an. Seit 1954 fahren Kriegsschiffe mit diesem Atomantrieb. Er hat den großen Vorteil, dass zum Beispiel ein Flugzeugträger oder ein U-Boot mit einer einzigen Uranfüllung (aus Uran wird die Kernenergie gewonnen) fast ohne Unterbrechung auf See bleiben kann. Auch einige Arktis-Eisbrecher haben Atomreaktoren. Für Handelsschiffe ist dieser Antrieb bisher zu teuer.

Die meisten größeren Schiffe haben heute neben dem herkömmlichen Heckruder sogenannte Querstrahlruder, mit denen sie Drehmanöver ausführen oder auch ohne Schlepperhilfen an- und ablegen können.

Billigflaggen

Nach Schiffsunfällen spielt bei der Frage nach der Ursache immer wieder der Begriff „Billigflagge“ eine Rolle. Was hat es damit auf sich? Manche Reeder umgingen die strengen Vorschriften in ihren Heimatländern und registrierten ihre Schiffe zum Beispiel in Panama oder Liberia. Dort gab es kaum Sicherheitsvorschriften, nur niedrige Steuern und für die Seeleute keine Tarifverträge. Man konnte also viel Geld sparen. Heute verhindern internationale Abmachungen solche Tricks. Die Reeder nutzen die finanziellen Vorteile von Billigflaggen, ohne dass die Schiffssicherheit darunter leidet! In welchem Umfang deutsche Reeder ihre Schiffe unter Billigflaggen fahren lassen, zeigt ein Beispiel: 2008 gehörten deutschen Reedern 3 220 Schiffe. Davon fuhren 2 674 Schiffe unter fremder Flagge.

Pod-Antrieb

Seit 1998 gibt es für Passagierschiffe Pod-Antriebe (englisch pod = Hülse). Das sind unter dem Heck angebrachte, drehbare Motorengondeln, in denen ein Elektromotor die an der Gondel sitzende Schiffsschraube antreibt. Die um 180 Grad drehbaren Pods dienen gleichzeitig zum Steuern des Schiffes. Deshalb werden sie auch Ruderpropeller genannt. Sie machen das alte Heckruder überflüssig.

Was gehört zur Schiffssicherheit?

Eine auch nur halbwegs ausführliche Darstellung aller technischen Entwicklungen zur Verbesserung der Sicherheit auf See würde ein ganzes WAS IST WAS-Buch füllen. Wir beschränken uns auf die bloße Nennung der drei wichtigsten Neuerungen im 20. Jahrhundert:

1. Mit der ab 1900 zuerst auf Passagierdampfern, dann bald auch auf anderen Schiffen eingeführten Funktelegrafie blieben Schiffe erstmals während der ganzen Reise mit dem Festland und anderen Schiffen in Kontakt. Sie konnten also zum Beipiel im Notfall Hilfe herbeirufen.

2. Die allgemeine Einführung des vorher schon militärisch genutzten Radars (Radar = Radio Detecting and Ranging = funktechnisches Such- und Entfernungsmessverfahren) machte die Schifffahrt bei Nacht, Nebel oder unklarer Sicht erheblich sicherer.

3. In den 1980er-Jahren hat sich die computergesteuerte Satelliten-Navigation durchgesetzt. Die von den Satelliten aus dem Weltraum ausgestrahlten Daten bieten der Schiffsleitung jederzeit und bei jedem Wetter nicht nur den genauen Schiffsstandort, sondern auch weitere Navigationshilfen.

Die „elektronische Seekarte" ist heute auf jedem Schiff zu finden. Sie gibt dem Schiffsführer wichtige Informationen beispielsweise über veränderte Seezeichen oder neue Hindernisse in der Fahrrinne.

Die wichtigsten Bug- und Heckformen der Seeschiffe in den letzten hundert Jahren

Senkrechter, spitzer Dampfersteven

Abgerundeter, ausfallender Bug

Moderner Wulstbug

Elliptisches Dampferheck

Kreuzerheck

Spiegelheck

Die deutsche FEEDERPILOT, ein kleineres Transportschiff, bringt im Küstendienst Autos bis in die kleinsten Ostseehäfen.

Ein vielseitiges RoRo-Schiff ist die HORNCAP, die im Liniendienst Hamburg – Mittelamerika fährt.

Die Schiffe der Gegenwart

Welche technische Revolution gab es im Schiffbau?

Ab 1960 stiegen der Welthandel und damit der Transportraumbedarf enorm an. Die einfachste Lösung wäre gewesen, mehr Schiffe zu bauen. Mehr Schiffe bedeuteten aber auch mehr Besatzungsmitglieder. Die kosteten natürlich wieder mehr Geld. Außerdem waren die zusätzlichen Besatzungen auch gar nicht zu haben, denn damals herrschte in der Wirtschaft die sogenannte Vollbeschäftigung. Es gab gar nicht genug Fachkräfte, die Arbeit suchten. Wie konnte man das Problem lösen?

Was mit Maschinen gemacht werden konnte, wurde auch durch Maschinen erledigt, um Personal einzusparen. Automatische Lukendeckel verschlossen die Laderäume. Schnellere Schiffe verkürzten die Reisezeiten. Computer übernahmen auch an Bord Aufgaben, die vorher Menschen erledigt hatten. Man richtete zum Beispiel die Maschinenanlagen so ein, dass nicht mehr 24 Stunden lang das Maschinenpersonal den Diesel warten und bedienen musste.

Zuerst gab es Schiffe, deren Maschinenraum acht Stunden unbesetzt sein konnte. Dann brauchte sich 16 Stunden lang niemand um die Maschine zu kümmern. Und schließlich wurden Anlagen entwickelt, die 24 Stunden ohne Überwachung arbeiteten.

Die eigentliche technische Revolution steckte jedoch in den neuen Schiffstypen.

Was verstehen wir unter RoRo-Schiffen?

RoRo ist die Abkürzung für Roll-on/Roll-off und bedeutet, dass die Ladung auf Rädern an Bord gerollt und so auch wieder entladen wird. Das ließ sich mit einem herkömmlichen Schiff natürlich nicht bewerkstelligen.

Die Idee war aber nicht ganz neu, denn Eisenbahnfähren und Flussfähren für Autos funktionieren nach demselben Prinzip.

Der Grundgedanke, der dahintersteckte, war, dass es doch Zeit- und Geldverschwendung sei, wenn man eine LKW-Ladung erst im Hafen auf ein Schiff umlädt und sie dann im

UNTERSCHIEDLICHE LADUNG MÖGLICH

RoRo-Schiffe wie die HORNCAP oben sind vielseitig einsetzbar. So kann dieses Schiff nicht nur 283 Export-PKW laden, sondern im Rumpf gibt es Ladekühlräume, zum Beispiel für Bananen, an Deck Stellplätze für 322 Container und zwölf Fahrgäste können auch noch mitgenommen werden.

Schiffe wie der japanische Autotransporter NOPAL MASCOT befördern zum Beispiel japanische Export-PKW nach Deutschland, laden hier deutsche PKW für die USA und nehmen in Deutschland und den USA gelegentlich noch Gebrauchtwagen für Entwicklungsländer an Bord.

Zielhafen wieder vom Schiff auf einen anderen LKW packt.

Die meisten RoRo-Schiffe verfügen über eigene Rampen, die oft schräg am Heck angebracht sind. So können die Autos auch an ganz normalen Kais an und von Bord fahren. In den Häfen legt man Rampen an, über die LKW durch die Heckklappe an Bord rollen können. So wird also eine LKW-Ladung zum Beispiel von Berlin nach London transportiert, ohne dass man sie zweimal umladen muss.

Noch mehr Geld kann man sparen, wenn man Trailer verwendet. Das sind Fahrgestelle für Container oder Anhänger von Sattelschleppern. Die werden an Bord gefahren und dort abgekoppelt. Der Fahrer braucht nicht mit nach England zu fahren, sondern kann gleich den aus England angekommenen Trailer zurückbringen. Ebenso steht im Zielhafen ein weiterer Sattelschlepper bereit.

Was sind RoRo-Fähren?

RoRo-Autofähren funktionieren genauso wie RoRo-Frachter. In Europa wurden sie seit Anfang 1960 eingeführt, und sie sind heute weltweit auf allen Fährlinien zu finden.

Die NILS HOLGERSSON war 1962 die erste deutsche RoRo-Fähre. Diese

Das griechische Fährschiff SUPERFAST VI ist über 30 000 BRZ groß und 29 Knoten schnell.

COLOR FANTASY und COLOR MAGIC, die mit je 75 000 BRZ gegenwärtig größten Fährschiffe der Welt, können 2 750 Fahrgäste und 750 Autos aufnehmen. Wegen ihres luxuriösen Komforts werden sie auch als Cruise Ferries („Kreuzfahrtfähren") bezeichnet.

Schiffe waren nötig geworden, als sich der Straßenverkehr immer mehr ausweitete. RoRo-Fähren werden sowohl von LKW wie auch von Auto fahrenden Touristen genutzt. Sie sind deswegen wie Passagierschiffe eingerichtet. Auf längeren Fährrouten können die Passagiere in Kabinen oder Schlafsesseln übernachten.

Die größten RoRo-Fähren der Welt sind heute 60 000 BRZ groß und können bis zu 3 200 Passagiere und 1 300 PKW aufnehmen.

Was sind Containerschiffe?

Containerschiffe sind Spezialschiffe, die ihre Ladung nur in genormten Containern von 20 oder 40 Fuß an Bord nehmen können („Fuß" kommt aus dem Englischen = foot; ein foot entspricht 30,5 Zentimetern). Die Container werden im Rumpf des Schiffes in sogenannten Containerschienen übereinandergestapelt, und auch an Deck können noch mehrere Lagen von Containern aufgestellt werden.

Containerschiffe haben meistens kein eigenes Ladegeschirr, sondern werden in besonderen Häfen, den Container-Terminals, abgefertigt. Hier gibt es Spezialkräne, die ein Schiff mit 7 000 Containern in wenigen Stunden entladen können. Ebenso schnell kommt die neue Ladung an Bord.

Mit diesem System sind eine ganze Reihe von Kostenvorteilen verbunden. Die Hafenliegezeiten sind sehr kurz, das Containerschiff ist also meistens dort, wo es Geld verdient, nämlich auf See. Weil das so ist, kann ein Containerschiff mehr Rundreisen machen als ein Schnellfrachter. Die großen Containerschiffe im Ostasiendienst können nicht nur ungefähr siebenmal so viel Ladung mitnehmen wie die vorher dort eingesetzten Schnellfrachter, sondern sie brauchen auch weniger Besatzung. Man kann sich leicht vorstellen, wie viel Personalkosten und Hafengebühren ein Reeder durch Containerschiffe sparen kann.

Auch die Hafenbetriebe und Transportunternehmen an Land sparen Personal und Kosten, weil die vielen kleinen Kisten und Stückgutteile in dem Container zusammengefasst sind und nicht einzeln verladen werden müssen. Außerdem kann der Container auf einen Eisenbahnwaggon oder einen Trailer gesetzt werden, sodass die Ware erst beim Empfänger ausgepackt zu werden braucht.

Kosten sparen

Die vielfältigen Probleme bei der Einführung der Containerschifffahrt und die damit verbundenen großen Geldausgaben überstiegen bald die Kräfte der einzelnen Reedereien. In allen Ländern gab es schon ab 1970 die ersten Zusammenschlüsse von ehemaligen Konkurrenzunternehmen. In Deutschland vereinigten sich zum Beispiel 1970 die Hamburg-Amerika-Linie und der Norddeutsche Lloyd zur neuen Großreederei Hapag-Lloyd.

Die HAMBURG EXPRESS kann 7 500 Container TEU laden.

Was bedeutete die Einführung des Containerverkehrs?

Wenn man die beschriebenen Vorteile des Containerverkehrs kennt, dann fragt man sich, warum sich die Idee nicht viel früher durchsetzte. Schließlich hatten amerikanische Reeder schon seit 1956 Containerschiffe. Die Europäer blieben jedoch auch dann

Liegeplatz des HHLA Container Terminals Burchardkai im Hamburger Hafen: An einem modernen 334 Meter langen Containerschiff arbeiten fünf Containerbrücken parallel an unterschiedlichen Luken. Damit können die Container gleichzeitig gelöscht (entladen) und geladen werden. Rund 100 Container werden so in der Stunde bewegt, damit das Schiff möglichst rasch wieder in See stechen kann.

noch zurückhaltend, als 1966 mit der FAIRLAND das erste amerikanische Containerschiff nach Europa kam.

Der Grund waren die riesigen Kosten. Milliardenbeträge mussten ausgegeben werden, ehe man mit dem Containerumschlag beginnen konnte. Und diese Kosten kamen nicht nur auf die Reedereien zu, die völlig neue Schiffe und Tausende von Containern brauchten. Auch die Häfen mussten völlig neue Umschlaganlagen schaffen, denn für Container sind große Abstellflächen nötig. Die gab es in den bisherigen Stückguthäfen nicht.

Die neuen Anlagen sollten außerdem an genügend tiefem Wasser liegen, weil die großen Containerschiffe große Tiefgänge haben. Alle diese Maßnahmen mussten international abgesprochen werden. Es nützt ja nichts, wenn das Containerschiff im Abgangshafen durch moderne Containerbrücken beladen wird und es im Zielhafen nur kleine Stückgutkräne vorfindet, mit denen es nicht entladen werden kann.

Schließlich mussten neue Eisenbahnlinien, Spezialwaggons und LKW-Trailer angeschafft werden, um die Blechkisten an die Zielorte im Binnenland zu bringen. Dazu kam noch ein wirksames, von Computern überwachtes Kontrollsystem, mit dem die einzelnen Container auf ihrem Lauf durch die ganze Welt verfolgt werden können.

Alle diese Probleme wurden tatsächlich innerhalb weniger Jahre bewältigt.

Ist der Containerverkehr international?

Um Kosten zu sparen, schließen sich heute internationale Reedereien zusammen und legen für ihre Containerschiffe gemeinsame Fahrpläne und Tarife fest. Die zunehmende internationale Verflechtung der Weltwirtschaft, die Globalisierung, macht also auch vor der Schifffahrt nicht halt.

Welche Containerschiffstypen gibt es?

Die ersten europäischen Containerschiffe waren 1967 die kombinierten RoRo- und Containerschiffe der Atlantic-Klasse. Sie konnten über die Heckklappe in den unteren Decks rollende Ladung aufnehmen, während die oberen Decks für Container vorgesehen waren.

Die Hamburg-Amerika-Linie und der Norddeutsche Lloyd stellten 1968 ihre ersten Vollcontainerschiffe in Dienst. So nennt man Schiffe, die ausschließlich Container befördern. WESER EXPRESS und ELBE EXPRESS waren 14 000 BRT groß und konnten 736 Container aufnehmen. Alle diese Schiffe waren für den Nordatlantik-Dienst bestimmt.

Für die Fahrt nach Australien ließen die europäischen Reedereien um 1970 Schiffe bauen, die bei 26 000 BRT ca. 1 600 Container stauen konnten.

Die größten Containerschiffe der Welt pendeln zwischen Europa und Ostasien. Schon 1972 hatten sie 60 000 BRZ und waren fast 300 Meter lang. Heute fahren auf dieser Route Schiffe mit über 100 000 BRZ. Sie sind fast 400 Meter lang und können rund 12 000 Container (TEU) laden Es gibt schon Pläne für über 15 000-TEU-Schiffe.

TEU bedeutet im Englischen Twenty-Feet Equivalent Unit = 20-Fuß-Vergleichseinheit; diese Maßeinheit wird angewandt, um Containermengen und Statistiken vergleichbar zu machen. Da es 20 Fuß und 40 Fuß lange Container gibt, rechnet man bei Vergleichszwecken für einen 40-Fuß-Container zwei 20-Fuß-Container, kurz TEU genannt.

Alle diese Schiffe laufen nur die Haupthäfen an, von diesen werden die Container entweder an Land oder mit Zubringerschiffen über See in die kleineren Häfen weiterbefördert.

Vollcontainerschiffe gibt es heute in allen Größen, auch als Binnenschiffe. Das schon erwähnte kombinierte RoRo-Containerschiff hat sich inzwischen auf vielen Routen durchgesetzt. Auch wird Kühlladung in wachsendem Maße in Containern befördert. Diese isolierten Container verfügen über Zu- und Abluftstutzen, über die sie an Bord an ein leistungsfähiges Kühlsystem angeschlossen werden.

Was sind LASH oder Barge Carrier?

1969 erschien mit der ACADIA FOREST ein neuer Schiffstyp auf den Meeren, der sogenannte LASH Carrier. LASH ist die Abkürzung für Englisch Lighter Aboard Ship = Leichter an Bord. Auf Deutsch nennt man diese Schiffe auch Leichtermutterschiffe.

Als Leichter bezeichnet man seit 150 Jahren Lastkähne ohne eigenen Antrieb. Die modernen Leichter der LASH-Schiffe sind kastenförmige Schwimmkörper, auch Barges genannt. Sie werden beladen und dann von dem großen Laufkran am Heck des Mutterschiffes aufgenommen und im offenen Laderaum verstaut. Im Zielhafen werden sie mit dem Kran wieder ins Wasser gesetzt,

Bei Chemikalientankern müssen Mindestabstände zwischen der Außenhaut und den dahinterliegenden Tanks eingehalten werden. Diese sind je nach der Gefahrenklasse der Ladung unterschiedlich groß und sollen verhindern, dass schon bei einem leichten Zusammenstoß die Tanks beschädigt und Giftstoffe freigesetzt werden.

Was ist ein Feeder-Schiff?

Neben den Vollcontainerschiffen der großen Überseefahrt gibt es noch die sogenannten Feeder-Schiffe. Die Bezeichnung kommt vom englischen Wort to feed = füttern, und besagt, dass diese Schiffe im Zubringerdienst laufen, also die großen Terminals mit Containern „füttern“ .

Das Feederschiff JANRA im Zubringerdienst

Ein Flüssiggastanker mit den typischen Kühlanlagen an Deck

wo sie von Schleppern über Flüsse und Kanäle zum Empfänger im Binnenland weiterbefördert werden.

Der LASH Carrier nimmt inzwischen die bereitliegenden Leichter mit neuer Ladung auf und läuft nach wenigen Stunden wieder aus.

Das niederländische LASH-Schiff BILDERDYK

Die Grundidee ist dem Containerprinzip ähnlich. Sie bewährt sich aber nur dort, wo vom Zielhafen ausreichend Wasserverbindungen ins Hinterland bestehen. An diesen müssen aber zudem Industriebetriebe liegen, die ganze Leichterladungen gebrauchen oder bereitstellen können. In großem Stil hat sich das LASH-System deshalb nicht durchsetzen können.

Manche ROHÖLTANKER sind auch mit Doppelhüllen ausgestattet. Das wurde besonders seit den 1990er-Jahren des letzten Jahrhunderts gefordert, nachdem einige Großtanker-Unfälle schwere Umweltschäden verursacht hatten. Sie nützen allerdings bei vielen Unfallarten kaum etwas, zum Beispiel dann, wenn nach einer Strandung der Tanker auseinanderbricht.

Wie sind Chemikalien- und Gastanker gebaut?

Immer zahlreicher sind in den letzten Jahren die Spezialtanker geworden. Da die Ladung von Rohöltankern gefährlich ist, muss unbedingt auf einen sachgemäßen Transport geachtet werden, um Unfälle zu vermeiden. Noch gefährlicher sind die vielen giftigen Flüssigkeiten und ätzenden Laugen, die von der chemischen Industrie hergestellt oder verbraucht werden. Chemikalientanker, die solche Ladungen befördern dürfen, müssen nach besonderen Vorschriften gebaut werden.

Zu den technisch aufwendigsten Seeschiffen zählen die Gastanker. Man unterscheidet zwischen LPG- und LNG-Tankern (LPG = englisch Liquefied Petroleum Gas). Das ist durch Kühlung verflüssigtes Gas. Verflüssigtes Propangas wird zum Beispiel unter hohem Druck bei minus 50 Grad Celsius transportiert. LNG ist verflüssigtes Erdgas (englisch = Liquefied Natural Gas), zum Beispiel Methan, das beim Transport auf bis zu minus 163 Grad Celsius heruntergekühlt werden muss.

Die Tanks dieser ab 1960 entwickelten Schiffe sind meist kugelförmig oder zylindrisch und aus besonders festem Stahl gefertigt. Zwischen ihnen und der Außenhaut des Schiffes werden wirkungsvolle Isolierungen eingebaut.

Äußerlich sind sie oft durch ihre über das Deck hinausragenden Tanks zu erkennen. Auch die großen Kühlmaschinen stehen in besonderen Deckhäusern. Für den Bau und Betrieb solcher Flüssiggastanker bestehen besonders strenge Vorschriften.

Beim Leckwerden eines Tanks oder eines Ventils würde die verdampfende und unvorstellbar kalte Flüssigkeit höchste Lebensgefahr für alle in der Nähe befindlichen Menschen bedeuten.

Was sind Tragflügelboote?

Seitdem es Schiffe gibt, haben die Menschen versucht, sie schneller zu machen. Aber alle diese Anstrengungen haben es nicht vermocht, größere Schiffsrümpfe mit mehr als 40 Knoten, das sind 74 Kilometer pro Stunde, durch das Wasser zu bewegen.

Kleinere Schnellboote erreichen zwar höhere Geschwindigkeiten, aber das ist nur deshalb möglich, weil sie bereits auf dem Wasser zu gleiten beginnen. Und genau diesen Effekt versuchten Ingenieure in vielen Ländern seit Jahrzehnten auch für größere Boote auszunutzen. In Deutschland wurde auf diesem Gebiet zwischen 1930 und 1950 Pionierarbeit geleistet. 1953 fuhr dann auf dem Lago Maggiore das erste brauchbare Tragflügelboot, das nach deutschem System gebaut war.

Tragflügelboote oder Hydrofoils, wie sie englisch genannt werden, sind Boote, unter deren Rumpf sogenannte Tragflügel angebracht sind. Bei langsamer Fahrt schwimmen sie wie andere Schiffe im Wasser. Mit zunehmender Geschwindigkeit hebt sich der Rumpf aus dem Wasser und wird schließlich von den Tragflügeln über Wasser gehalten. Da der Wasserwiderstand gegen den Rumpf jetzt wegfällt, können Tragflügelboote Geschwindigkeiten von 120 Kilometer pro Stunde erreichen.

Was ist ein Luftkissenfahrzeug?

Auch bei der Konstruktion des Luftkissenfahrzeugs wollte man ähnlich wie beim Tragflügelboot den Wasserwiderstand ausschalten. Das erste brauchbare Luftkissenfahrzeug überquerte 1959 den Englischen Kanal.

Luftkissenfahrzeuge sind eigentlich mehr Flugzeuge als Schiffe. Sie werden durch Luftschrauben angetrieben. Rund um den flachen Boden dieser Fahrzeuge ist eine große Gummischürze angebracht. In dieser fängt sich die komprimierte Luft, die durch ein Gebläse unter den Fahrzeugboden gepresst wird. Es entsteht ein Luftkissen, das den Rumpf leicht vom Boden abhebt. Das Fahrzeug kann jetzt durch die Luftschrauben bewegt werden und Geschwindigkeiten von mehr als 80 Knoten (ca. 150 Kilometer pro Stunde) erreichen.

Solche Luftkissenfahrzeuge wurden früher vermehrt auf Küstenrouten im Passagierdienst eingesetzt. Da sie durch Gebläse und Propeller einen ähnlichen Lärm wie Flugzeuge verursachen, waren sie jedoch in Häfen

Die Abbildung auf der rechten Seite zeigt deutlich die typischen Konstruktionsmerkmale der großen Katamaran-Fähren, und sie vermittelt gleichzeitig einen Eindruck von der großen Geschwindigkeit dieser Fahrzeuge.

Tragflügelboote für Ozeanrouten sind noch nicht gebaut worden. Meistens setzt man diese Fahrzeuge auf Flüssen, Seen und auf kurzen Überseestrecken in Küstennähe ein. Zivile Tragflügelboote dienen ausschließlich dem Passagierdienst.

Hier ist das polnische Tragflügelboot KALINA vom russischen Typ „Kometa“ abgebildet.

SCHNELLE FÄHRSCHIFFE

Auch europäische Werften bauen schnelle Fährschiffe. Die italienische GIUZZO ist 3 300 BRZ groß, kann 450 Passagiere und 126 Autos an Bord nehmen und läuft – ebenfalls über Wasserdüsen – 39 Knoten. Diese stählernen, schnittigen Einrumpfschiffe sind den Katamaranen bei schlechtem Wetter überlegen. Auf amerikanischen und deutschen Werften entwickelt man gegenwärtig superschnelle Containerschiffe. Die Amerikaner denken dabei an einen 8 300 t tragenden Frachter für 1 360 Container (TEU), der mit 37 Knoten den Atlantik in vier Tagen überqueren könnte.

und auf Flüssen nicht sehr beliebt. In der Hauptsache werden sie heute zu militärischen Zwecken eingesetzt. Ihre Fähigkeit, über Eis und unebenes Gelände zu gleiten, macht sie auch für Forschungsaufgaben in unwegsamen Gegenden geeignet.

Warum sind Katamarane so schnell?

Im letzten Jahrzehnt des 20. Jahrhunderts wurden beim Bau schneller Fährschiffe ganz neue Ideen verwirklicht. Im Kapitel über das Blaue Band sind wir schon dem Fährkatamaran begegnet. Die 1990 in Dienst gestellte HOVERSPEED GREAT BRITAIN war das erste Schiff dieses neuen, in Australien entwickelten Typs. Inzwischen gibt es eine ganze Anzahl dieser Katamarane, die sich in zivilen und militärischen Diensten bewähren.

Ein Katamaran ist ein Doppelrumpfschiff, dessen Prinzip vorher nur bei deutlich kleineren Fahrzeugen Anwendung gefunden hatte. Die beiden Schwimmkörper halten den eigentlichen Schiffsrumpf von der Wasseroberfläche fern. Dadurch ist der Wasserwiderstand gering; das verwendete Baumaterial Aluminium hält zudem das Schiffsgewicht niedrig und schafft so die Voraussetzung für die hohe Geschwindigkeit.

Die Großkatamarane der Stena Line mit 124 Metern Länge und 40 Metern Breite sind 40 Knoten schnell. Sie können 500 Passagiere und 375 Autos aufnehmen. Sicherlich ist die technische Entwicklung auf diesem Gebiet noch lange nicht abgeschlossen.

Luftkissenfahrzeuge, englisch Hovercraft genannt, haben viel mit Flugzeugen gemeinsam. Bei diesem Typ, der RESOLUTION, befinden sich die Luftschrauben in den blauen Gehäusen.

Kriegsschiffe seit 1850

Gab es auch Dampfkriegs-schiffe?

Die großen Marinen hielten noch lange an der Tradition der Segellinienschiffe fest. Das erste Dampfkriegsschiff der Welt hatte Robert Fulton 1814 vom Stapel laufen lassen. Es trug 20 Geschütze und sollte im 1812 ausgebrochenen Krieg zwischen den USA und England eingesetzt werden.

Die DEMOLOGOS oder FULTON THE FIRST, wie sie zuerst genannt wurde, kam aber erst nach Kriegsende in Dienst. Danach machten zwar alle Marinen Versuche mit Dampfschiffen, es dauerte aber noch Jahrzehnte, ehe die Linienschiffe Dampfantrieb erhielten.

1859 lief das französische Linienschiff GLOIRE vom Stapel, 1860 folgte die englische WARRIOR. Beide Schiffe waren mit Dampfmaschinen ausgerüstet und gepanzert. Während das französische Schiff noch aus Holz gebaut war, hatte die WARRIOR schon einen eisernen Rumpf.

Was sind Großkampf-schiffe?

1862 hatte es im Amerikanischen Bürgerkrieg das erste Gefecht zwischen gepanzerten Schiffen gegeben. Die MONITOR der Nordstaaten traf in der Chesapeake Bay auf die MERRIMAC der Südstaaten. Das Gefecht ging unentschieden aus, da kein Schiff das andere versenken konnte. Großkampfschiffe aller Flotten erhielten jetzt starke Seitenpanzer an den Bordwänden.

Von nun an wurde die Konstruktion von Kriegsschiffen zu einem ständigen Wettrennen zwischen Artillerie und Panzerung. Stärkere Geschütze erforderten beim Gegner stärkere Panzer. Gleichzeitig bemühte man sich um noch größere Geschützkaliber, die wiederum zur Verbesserung der Panzerung führten.

Bald genügte auch der Seitenpanzer kaum noch, denn die Geschütze feuerten nicht mehr direkt, sondern über größere Entfernungen im Bogen. Die Granaten kamen jetzt schräg von oben, sodass auch die Decks gepanzert werden mussten. Das immer größer werdende Gewicht der Panzerung und der Geschütze sowie die Forderung nach größeren Geschwindigkeiten ließen die Schiffsgrößen stetig wachsen.

Das Endergebnis dieser Entwicklung waren die gewaltigen Schlachtschiffe des Zweiten Weltkriegs. Sie kämpften jedoch nur noch selten

Die 1860 gebaute WARRIOR war das erste eiserne Panzerschiff.

IM INNERN EINES U-BOOTS:

1. Torpedoraum
2. Batterien für die Unterwasserfahrt mit Elektromotoren
3. Wohnräume
4. Kommandozentrale
5. Dieselkraftstofftanks
6. Motorenraum
7. Sehrohre, Antennen, Radar und Schnorchel für Luftzufuhr bei Unterwasserfahrt mit Dieselantrieb

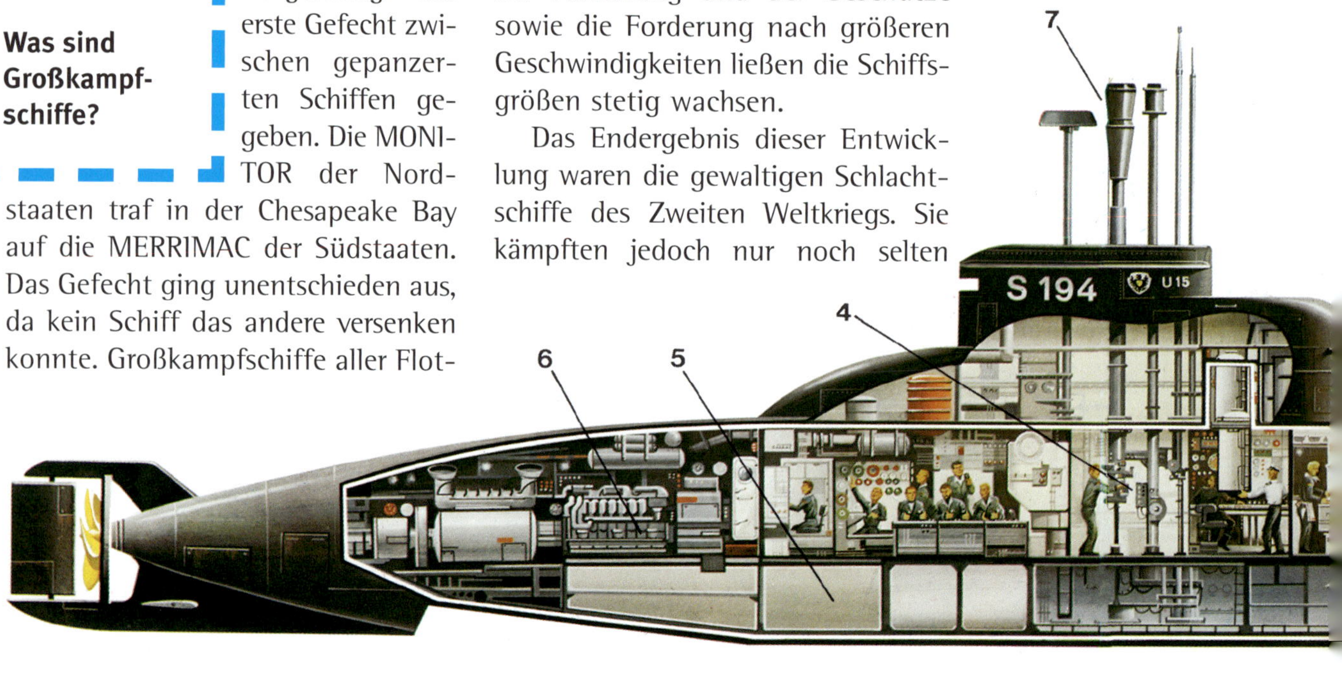

Die beiden letzten Schlachtschiffe der Welt, hier die IOWA mit 53 750 Tonnen Wasserverdrängung, haben ihren aktiven Dienst beendet und sind Museumsschiffe.

Der amerikanische Flugzeugträger RANDOLPH hat eine Wasserverdrängung von 42 000 Tonnen.

gegeneinander, sondern wurden von einer neuen Seekriegswaffe, dem Flugzeug, bedroht und oft auch vernichtet.

Neben den Schlachtschiffen waren bis nach dem Zweiten Weltkrieg Flugzeugträger, Kreuzer, Torpedoboote und Zerstörer die wichtigsten Überwasserschiffe. Seit Anfang des 20. Jahrhunderts wurden auch immer mehr U-Boote (Unterseeboote) eingesetzt. Sie zeigten in beiden Weltkriegen ihre Gefährlichkeit. Da sich bereits im Zweiten Weltkrieg kleinere Schiffstypen als sehr vielseitig verwendbar erwiesen, setzte nach dem Krieg in allen Marinen ein Umdenken ein.

Welche Kriegsschiffstypen gibt es heute?

Fregatten bilden heute neben den U-Booten das Rückgrat der Flotten. Die großen Seemächte setzen aber auch weiter auf den Flugzeugträger, der auch in den jüngsten Konflikten seine Bedeutung beweisen konnte. Daneben gibt es vom Schnellboot bis zum Versorgungsschiff eine Fülle weiterer Kriegsschiffstypen.

Die Bewaffnung der Schiffe hat sich seit dem Zweiten Weltkrieg vollkommen gewandelt. Große Geschütze gibt es kaum noch. An ihre Stelle sind Raketen und Flugkörper getreten. Computerzentren steuern die Waffensysteme, und ihre Computer können erkennen, ob ein herannahender Flugkörper vom Gegner stammt und welche Gegenmaßnahmen zu ergreifen sind.

Moderne Fregatten wie hier die SACHSEN mit 5 500 Tonnen sind heute die vielseitigsten Kriegsschiffe.

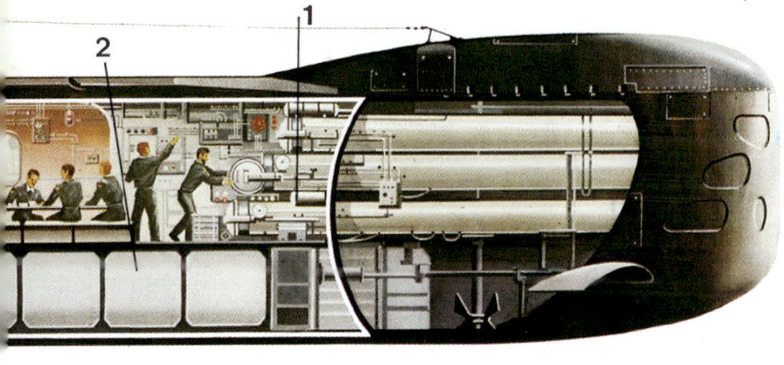

Zu Beginn des 20. Jahrhunderts kamen die riesigen Helgenkrangerüste (A) auf, unter denen die Platten und Profile mithilfe der Laufkatzenkräne (B) zu einem Schiff zusammengebaut wurden. Das Bild zeigt die Werft Blohm & Voss in Hamburg um 1910.

Wie entsteht ein Schiff?

Wer war beim Holzschiffbau beteiligt?

In der Mitte des 19. Jahrhunderts begann die von England ausgegangene industrielle Revolution den Jahrtausende alten Holzschiffbau zu verdrängen. Dieser war von den Schiffszimmerleuten mit einfachen Werkzeugen wie Säge, Axt, Hammer und Ahle betrieben worden. Unterstützt wurden sie von Schmieden, Reepschlägern und Segelmachern.

Als Schiffbauplatz genügte ein kleines Grundstück, möglichst zum Wasser hin geneigt, damit das Schiff durch sein eigenes Gewicht vom Stapel gleiten konnte. Die Technik des Holzschiffbaus ist heute fast ausgestorben. Eisen beziehungsweise Stahl ist seit 1850 das wichtigste Schiffbaumaterial.

Die Werften der großen stählernen Schiffe waren keine Handwerksbetriebe mehr, sondern von Anfang an richtige Industriebetriebe. Verfolgen wir einmal, wie dort ein Schiff entsteht.

Wie arbeitet eine moderne Werft?

Wenn ein Reeder ein neues Schiff braucht, fordert er von den Werften Angebote an. Dabei teilt er der Werft die wichtigsten Entwurfsdaten mit, zum Beispiel die gewünschte Ladekapazität, die Geschwindigkeit und die Art der Antriebsanlage.

Helgen der Deutschen Werft in Hamburg Mitte des 20. Jahrhunderts. Deutlich sind fünf Schiffe in unterschiedlichen Bauzuständen zu erkennen; links ein Frachter und rechts davon vier Großtanker. Am Bildrand unten sind die bereits vormontierten Schiffsteile zu sehen. Sie werden von der Kabelkrananlage auf die Schiffsneubauten transportiert.

Die moderne Großwerft HDW in Kiel. Die riesigen, teilweise überdachten Baudocks werden von den starken Bockkränen überragt.

Kiellegung des Kreuzfahrtschiffes AIDAaura in der modernen Baudockhalle der Aker-MTW-Werft in Wismar

DIE BAUVORSCHRIFT führt bis zum letzten Schlüssel alles genau auf, was die Werft zu liefern hat und in welchem Zustand sie es liefern soll. Dazu gehören auch Dinge wie Möbel für die Wohnräume der Besatzung bis hin zum Kleiderhaken oder Handtuchhalter.

Nach diesen Werten werden die Hauptabmessungen des Schiffes festgelegt. Dann werden Generalplan, Hauptspant und Linienriss gezeichnet. Das sind die wichtigsten Entwurfzeichnungen. Gleichzeitig entsteht die Bauvorschrift. Wenn diese Daten und Zeichnungen vorliegen, kann das Angebot an den Reeder gemacht werden.

Noch bis in die 1970er-Jahre wurden solche Berechnungen mit dem Rechenschieber oder einer per Hand gedrehten Rechenmaschine ausgeführt. Alle Zeichnungen mussten mit Bleistift oder Ausziehtusche von Hand auf Pergamentpapier ausgeführt werden. Heute werden alle diese Arbeiten mit speziellen Computerprogrammen in Bruchteilen der früher benötigten Zeit erledigt.

Jetzt vergleicht der Reeder das Angebot mit anderen Werften und vergibt dann den Auftrag. Die Werft kann nun das Material bestellen, das sie zum Bau des Schiffes benötigt. Gleichzeitig entstehen die Einzelzeichnungen, nach denen die Bauteile mit automatischen Brennschneidemaschinen hergestellt werden.

In der Schiffbauhalle werden aus diesen Bauteilen sogenannte Sektionen zusammengesetzt. Das sind vormontierte Schiffsteile, die dann mithilfe großer Kräne auf dem Helgen oder im Baudock zum Schiffskörper zusammengefügt werden. Nach einigen Monaten ist das Schiff fertig zum Stapellauf.

Was passiert bei einem Stapellauf?

Unter das auf Holzpallen liegende Schiff wird die Ablaufbahn montiert und mit Stapellauffett geschmiert. Darauf legt man den Ablaufschlitten, der mit Stoppern gegen vorzeitiges Abrutschen gesichert ist. Dann werden die Holzpallen abgetragen, sodass das Schiff jetzt auf dem geschmierten Schlitten liegt. Die Taufpatin – Schiffe werden fast immer von Frauen getauft – gibt dem Neubau seinen Namen und tauft ihn durch das Zerschellen einer Flasche Sekt am Bug. Jetzt werden die Stopper gelöst, und das Schiff gleitet langsam in sein Element.

Heute werden Schiffe meistens im Baudock hergestellt und laufen dort natürlich nicht vom Stapel. Sie schwimmen auf, wie der Fachmann sagt, sobald das Dock geflutet wird.

Diese Baudocks sind fast immer überdacht, sodass Schweiß- und Anstricharbeiten durch schlechtes Wetter nicht mehr beeinträchtigt oder gar unmöglich werden.

Mit dem Stapellauf ist das Schiff aber noch nicht fertig. Am Ausrüstungskai werden die Masten und das Ladegeschirr eingesetzt. In den Aufbauten entstehen die Wohnräume für die Besatzung und die Passagiere. Monteure rüsten die Kommandobrücke aus und bringen alle die Hilfsmittel an, die heute der sicheren Navigation dienen. Maschinenbauer machen die Antriebsanlage und die Hilfsmaschinen betriebsklar.

Und eines Tages ist dann alles an seinem Platz und der letzte Pinselstrich getan. Das Schiff macht seine Probefahrt. Nach einem genauen Plan werden alle Maschinen und Anlagen geprüft. Wenn das Schiff dann noch bewiesen hat, dass es die vereinbarte Geschwindigkeit erreichen kann, ist der Augenblick der Übergabe an den Reeder gekommen. Feierlich wird die Werftflagge niedergeholt und gleichzeitig die Reedereiflagge aufgezogen.

WAS BEDEUTET DER BEGRIFF KNOTEN?

Knoten = kn ist die internationale Maßeinheit für die Schiffsgeschwindigkeit und bedeutet Seemeilen pro Stunde. Eine Seemeile ist 1 852 Meter lang. Die Bezeichnung Knoten wurde aus früherer Zeit beibehalten, als man die Geschwindigkeit mit Knoten in der Logleine maß.

Vereinfacht dargestelltes Vermessungsprinzip für Frachtschiffe

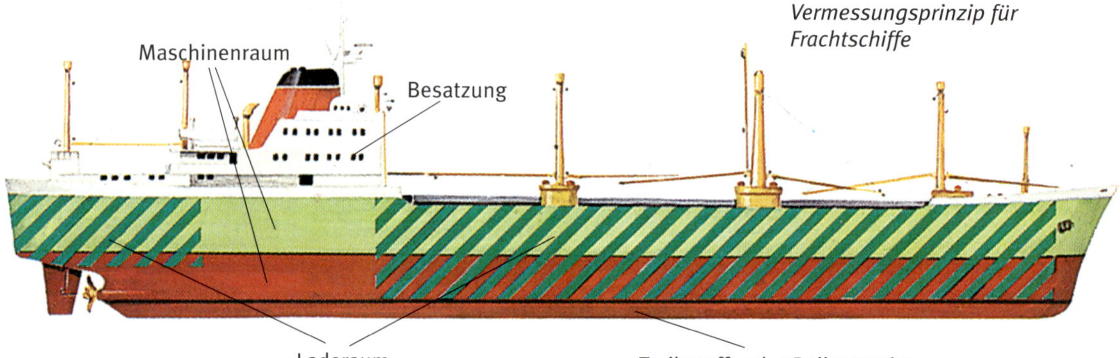

Tonnen und Knoten

Was verstehen wir unter BRZ, tdw und t?

Für die Größe eines Schiffes gibt es die unterschiedlichsten Angaben. Man kann zum Beispiel in den Schiffspapieren des Motorschiffes HANS folgende Zahlen lesen: 14 520 BRZ, 9 350 NRZ, 21 853 tdw, 5 300 t beziehungsweise 27 153 t Wasserverdrängung. Das sind also fünf verschiedene Angaben. Was bedeuten sie nun genau?

Die **Bruttoraumzahl (BRZ)** ersetzt seit 1994 die **Bruttoregistertonne (BRT)**. Sie ist das Ergebnis der Vermessung des gesamten umbauten Raumes eines Schiffes, wobei die ermittelte Kubikmeterzahl durch einen von der Schiffsgröße abhängigen Faktor zur BRZ verändert wird.

Entsprechend ersetzt die **Nettoraumzahl (NRZ)** die bisherige **Nettoregistertonne (NRT)**. Sie umfasst nur die für Ladung und Passagiere nutzbaren Räume eines Schiffes. Den Unterschied zwischen BRZ und NRZ machen Maschinenraum, Treibstoffbunker, Besatzungsräume und Ähnliches aus.

Die **Tragfähigkeit** eines Schiffes ist die Masse der Gesamtzuladung.

VERMESSUNG VON KRIEGSSCHIFFEN

Die Größe von Kriegsschiffen wird stets in Tonnen Wasserverdrängung angegeben. Auch hier gibt es eine kleinere Zahl, die Standardverdrängung, und eine größere Zahl, die für das voll mit Munition, Treibstoff und anderen Verbrauchsgütern beladene Kriegsschiff gilt. Noch heute gibt man die Größe von Kriegsschiffen oft in englischen tons = 1 016 Kilogramm an.

Das Prinzip des Archimedes

Der griechische Mathematiker Archimedes (285 – 212 v. Chr.) entdeckte als Erster, dass ein in das Wasser eingetauchter Körper schwimmt, wenn sein Gewicht dem des durch ihn verdrängten Wassers entspricht. Damit lieferte Archimedes auch die Erklärung, warum ein viele Tonnen schweres Schiff aus Stahl schwimmt, während ein Rohstahlklotz mit gleichem Gewicht sofort untergeht. Das aus Stahlblechen gebaute Schiff hat als Hohlkörper eine größere Oberfläche – und eine größere Wasserverdrängung – als der Klotz, und damit den zum Schwimmen nötigen Auftrieb.

Sie umfasst also neben der eigentlichen Fracht noch den Brennstoff für die Maschinen sowie Lebensmittel und andere Verbrauchsstoffe.

Die **Tragfähigkeit** wird in **tdw** angegeben (bei unserem Beispiel, der HANS, sind es 21 853 tdw). Die Bezeichnung kommt aus dem Englischen und steht für **tdw** = **t**ons **d**ead**w**eight, wobei wir für eine Tonne 1 000 Kilogramm rechnen; der Begriff deadweight bezeichnet das Eigengewicht der Ladung.

Jedes Schiff hat eine bestimmte **Wasserverdrängung.** Sie ist natürlich unterschiedlich groß, je nachdem ob das Schiff leer oder beladen ist. Die HANS ist im leeren Zustand 5 300 t schwer, so viel Wasser verdrängt sie nach dem Prinzip des Archimedes.

Voll beladen beträgt die Wasserverdrängung der HANS 27 153 t. Dieser Wert setzt sich zusammen aus dem Gewicht des leeren Schiffes und dem der Zuladung.

Die Tonnage des Motorschiffs HANS

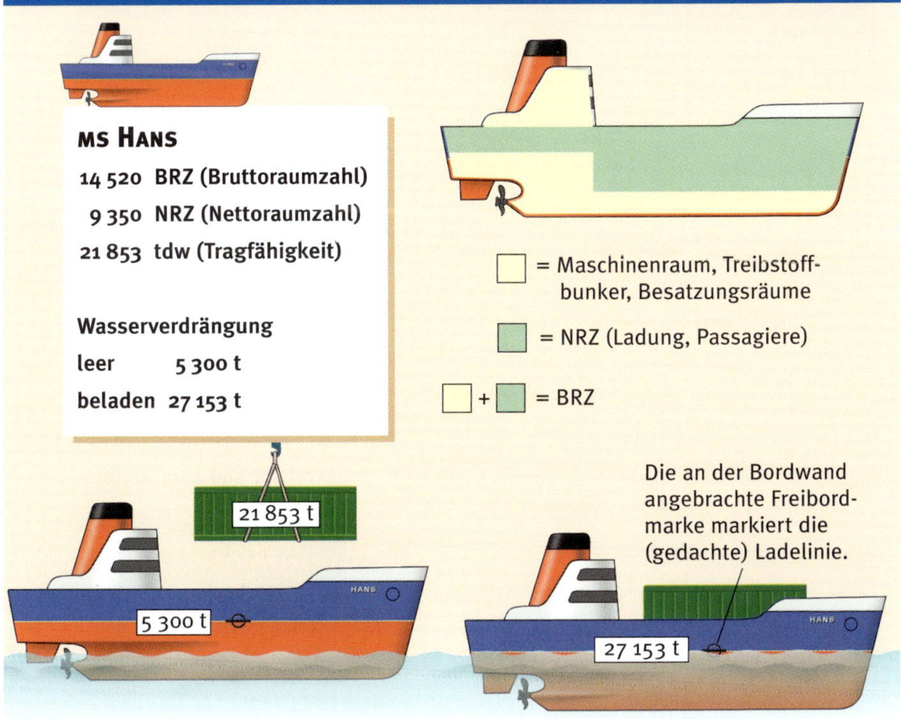

Warum wurde die BRT zur BRZ?

140 Jahre lang, bis 1994, wurde der Raumgehalt von Handelsschiffen in BRT (Bruttoregistertonne) und NRT (**N**ettoregistertonne) angegeben, eine Registertonne ist gleich 2,83 Kubikmeter.

Seitdem gelten die Regeln eines neuen internationalen Vermessungsabkommens, das durch ein neues Mess- und Berechnungsverfahren zum ersten Mal die einheitliche Vermessung der Schiffe aller Länder gewährleistet.

Vorher konnte durch Ausnahmeregelungen die Brutto- und die Nettoregistertonnage eines Schiffes um mehr als die Hälfte verringert werden. Die Tonnagen sind die Grundlage für die Berechnung von Hafen-, Lotsen- und anderen Gebühren. Man konnte also mit einem „kleineren" Schiff mühelos viel Geld sparen. Vermessungstricks wie das Ausklammern von ganzen Schiffsräumen aus der Vermessung sind heute nicht mehr möglich. Am folgenden Beispiel lässt sich am besten zeigen, um welche Größenordnungen es dabei gehen kann. Bei einem 21 000 BRT großen RoRo-Fährschiff für 550 PKW waren bis 1994 die gesamten Autodecks nicht in die Vermessung einbezogen; das ist immerhin ein 160 Meter langer und 27 Meter breiter Raum mit 27 000 Kubikmetern!

Nach den neuen Bestimmungen werden die Autodecks mit vermessen und die Fähre kommt auf eine Bruttoraumzahl (BRZ) von 32 000, sie ist also um fast 50 Prozent „größer" geworden.

Glossar

achterlich nach hinten zu, von hinten
achtern hinten
Ankergeschirr alle zum Ankern notwendigen Geräte
Ankerwinde auch Ankerspill genannt, Winde zum Hieven (Heben) des Ankers
Aufbauten aller umbauter Raum über dem Oberdeck, zum Beispiel Deckshäuser
Back vorderer Aufbau am Bug
Backbord die linke Schiffsseite, in Fahrtrichtung gesehen
Baudock Dock, in dem Schiffe gebaut werden.
Binnenschifffahrt die gesamte Schifffahrt außerhalb der Seewasserstraßen; auf Flüssen gibt es in Küstennähe Überschneidungen.
Chronometer Präzisionsuhr auf einem Schiff
Dampfmaschine dampfgetriebener Kolbenmotor mit bis zu fünf Zylindern. Die hin- und hergehende Kolbenbewegung wird mithilfe einer sogenannten Pleuelstange in die Drehbewegung der Schraubenwelle umgesetzt.
Deck „Stockwerk" eines Schiffes
Dock Bauwerk zum Trockenstellen eines Schiffes, um zum Beispiel Reparaturen am Unterwasserschiff ausführen zu können. Ein Trockendock ist ein verschließbares Becken, aus dem das Wasser herausgepumpt wird, nachdem das Schiff eingefahren ist. Ein Schwimmdock ist ein u-förmiger Stahlbehälter. Er wird zum Einfahren des Schiffes geflutet und hebt dann das Schiff aus dem Wasser.
Flotte Gesamtheit der Schiffe zum Beispiel einer Reederei oder einer Kriegsmarine
Galeere schnelles, gerudertes Kriegsschiff der Mittelmeermächte zur Zeit des Mittelalters.
Generalplan Gesamtdarstellung eines Schiffes mit Längsschnitt und Grundrissen aller Decks. Aus ihm gehen die Raumaufteilung und wichtige Angaben über Einrichtung und Ausrüstung hervor.
Hafengebühr von der Reederei für die Liegezeit ihres Schiffes im Hafen zu zahlen
Hauptspant Querschnittzeichnung durch die breiteste Stelle eines Schiffes mit wichtigen Maßen und Daten für die Konstruktion
Heck hinterer Teil des Schiffes
Heckaufschleppe große Öffnung im Achterschiff von Fischereifahrzeugen. Durch sie wird auf einer schrägen Ebene der Fang mit Motorwinden an Bord gezogen.
Heckruder senkrechte unter dem Heck angebrachte drehbare Fläche (Ruderblatt), mit der das fahrende Schiff gesteuert werden kann.
Helgen auch Helling genannt. Zum Wasser hin geneigte schiefe Ebene, auf der das Schiff gebaut wird. Beim Stapellauf gleitet es dann durch sein eigenes Gewicht ins Wasser.
Kompass Instrument zur Bestimmung der Himmelsrichtung
Kreuzen Zickzackkurs, auf dem ein Segelschiff gegen den Wind vorankommt. Man kreuzt dabei die Richtung, aus der der Wind weht, abwechselnd nach Steuerbord und Backbord.
Ladebaum als Kran zum Be- und Entladen verwendeter Teil des Ladegeschirrs
Ladelinie die Wasserlinie, bis zu der ein beladenes Schiff eintauchen darf.
Linienschiff aus der Segelschiffzeit stammende Bezeichnung für ein Schlachtschiff. Der Begriff kommt daher, dass Kampfschiffe früher während eines Gefechts in einer Linie hintereinanderfuhren.
Navigation Orts- und Kursbestimmung
Raddampfer die Antriebskraft der Dampfmaschine wird über eine Querwelle auf die Seitenräder übertragen
Rumpf der eigentliche Schiffskörper ohne Aufbauten, Masten und Ruder
Ruder seemännisch steuert man mit dem Ruder. Aber man rudert ein Ruderboot mit den sogenannten Riemen. Diese werden oft fälschlich als Ruder bezeichnet. Die Verwirrung kommt daher, dass man früher einen seitlich am Schiff befestigten Riemen als Seitenruder zum Steuern benutzt hat.
Satellitennavigation die von speziellen Navigationssatelliten ausgesendeten Signale werden auf dem Schiff mit einer Spezialantenne aufgefangen. An Bord rechnet ein Computer diese Signale in die genaue Position des Schiffes und eine Zeitangabe um. Auf großen Schiffen wird die Positionsanzeige laufend auf einer sogenannten elektronischen Seekarte festgehalten.
Schraubenantrieb die Antriebskraft der Maschine wird über die Antriebswelle auf die Schraube übertragen.
Steuerbord die rechte Schiffsseite, in Fahrtrichtung gesehen
Takelage alle für die Fortbewegung eines Segelschiffes nötigen Einrichtungen wie Masten und Segel mit allem Zubehör.
Takelung Art der Anbringung der Segel an den Masten, nach der die Segelschiffstypen unterschieden werden.
Tiefgang Eintauchtiefe des Schiffsrumpfes in das Wasser
Tonnage Bezeichnung für die Größe eines Schiffes
Turbine Antrieb, bei dem der Druck des erhitzten Wasserdampfs oder eines erhitzten Gases direkt in eine Drehbewegung umgesetzt wird.
Unterwasserlinien schiffbaulicher Ausdruck für die Unterwasserform eines Schiffes. Schnelle Schiffe haben scharfe schlanke Linien, langsame Schiffe haben bauchige Linien. Im „Bauch" kann allerdings mehr Ladung aufgenommen werden.
Wasserlinie bis zu dieser liegt das Schiff im Wasser.

Index

Das deutsche Atomschiff Otto Hahn war von 1968 bis 1979 in Fahrt.

Hörspiele

DVDs